吉原はこんな所でございました

廓の女たちの昭和史

福田利子

筑摩書房

吉原はこんな所でございました——目次

吉原はこんな所でございました

廓の女たちの昭和史

プロローグ　吉原の灯が消えた日

昭和三十三年二月二十八日は、私にとって忘れられない日でございます。

この日、三百年にわたって不夜城とうたわれてきた吉原が、〝売春防止法〟という法律によって、完全に幕を閉じることになりました。

〝売春防止法〟が国会を通過しましたのが、昭和三十一年五月二十一日のことでございました。この法律が施行されるのは、翌年の四月一日からでしたが、さらに完全に実施されるまでの期間として、一年間の猶予が与えられていました。その猶予期間の切れる、三十三年三月三十一日までに、業者も、中で働いている女の人たちも、新しい仕事をみつけることになっていたのです。

一年あればその間に何とか目途《めど》が立つ、というのが大方《おおかた》の思いだったようですが、でも一年なんて短いもので、あっという間にその日がきてしまったのでした。

吉原では、転業の決まった店もあれば、いまだに転業について考えのまとまらない店もあったり、女の人も、早くから身の振り方の決まった人もあれば、まるっきり目途の立たない人と、いろいろでしたが、ともかく、全業者が、期限の三月三十一日よりも一か月早い二月二十八日をもって廃業するということだけが決まり、店の灯は、この日をもっていっせいに消すことになったのでした。

それにしましても、長い間の伝統の灯が消える、その一瞬に立ち会うというのは、人の一生のうちにも滅多にあることではございません。まして、私自身が吉原という特殊な場所に育ち、松葉屋という、かつては引手《ひきて》茶屋《ぢゃや》であった料亭を受け継ぎ、移り変わりの激しい昭和の時代を街の人たちと一緒に生きてきたことを思いますと、いうにいわれぬものがございました。

それまでにも吉原は、何度も大きな災害にあってまいりました。明治に入ってからでさえも、八回も火災にあい、大正十二年の関東大震災のときには廓《くるわ》は全焼し、昭和二十年三月十日の東京大空襲では根こそぎ焼き払われ、大勢の死者を出して、今度こそは全滅かと思われました。でも空襲のあとや戦争に敗《ま》けてからも、復興するようにとのお国の命令が、どこよりも早く届いて、そのたびに、見事に生き返ったものでした。

なにしろ、江戸時代に、京都の島原、大坂の新町とともに幕府公許の遊廓としてつくられましてから昭和にいたるまでの間、男の方の遊興の地、夢の里として栄えてきた土地でございます。江戸のころは、庶民はもとより、大名、豪商などが通ってくる遊廓でしたから、花魁《おいらん》たちにも行儀作法がきびしく仕込まれ、教養や、美しさ、華やかさは歌にも歌われ、芝居にもなるなどして今も残っていますが、その花魁のいたのが、この吉原の地だったわけでございます。

昭和に入りましても、戦前は、身分の高い方や老舗《しにせ》の大旦那から、職人さんや小僧さんまで、それぞれの分に応じた見世《みせ》に、お遊びにいらっしゃいました。

戦後になって、赤線地区と呼ばれるようになり、今までの遊廓とは仕組みがまるっきり変わりましたが、それでも吉原はやはり吉原として、歴史のある廓としてのしきたりや情緒が残っておりました。吉原の花魁にはどこか優しい風情がある、といって、お客さまの中にも、吉原でなければという方が、大勢お見えでした。

そんな吉原でしたから、この法律が決まったあとでさえ、吉原がほんとうになくなるのかどうか、中の人たちにはまだ信じられないところがあったのは確かなようでございます。

けれども、吉原最後の夜は、まことにあっけないものでした。最後まで残った百六十軒の店が、いつもより少ないお客さまを送ったあと、十一時には赤線最後の灯を、ひっそりと消したのでございます。

赤線最後の日だといって、人が大勢押しかけるでもなく、花魁たちが最後を飾るでもなく、ただ戸を閉め、灯りを消して、それで終わりでした。

その夜、私は気分が昂《たかぶ》っていたせいか、とても寝つけそうにありませんでした。それで外に出てみたのですが、街灯もいらないほど夜通し明るかった吉原の街ですのに、どこもかしこもまっ暗。一体ここはどこだろう、と一瞬思ったほどの変わりようでございました。

この変わり果てた街がこれから先どうなっていくのか、今、まっ暗闇の中にじっとしている人たちは、これから先をどうしていくのか、それからそれへと思いを巡らしているうちに、ますます眼が冴えてきて、私は家の中へも入らず、しばらく暗闇の中に立ちつくしておりました。

一章　吉原遊廓

私の生いたち

私が吉原にまいりましたのは、大正十二年、三歳のときでございました。

生まれたところは芝白金で、二味武《ふたみたけし》、ふじの第五子ですが、生まれる前から、次が女の子だったら松葉屋の養女にする、という約束が祖父と父、そして福田やえとの間にとりかわされていたらしいのです。

そのころ福田やえは、仲之町《なかのちょう》通り、江戸町《えどちょう》二丁目に引手茶屋《ひきてぢゃや》「松葉屋」を営んでいましたて、何かと父を相談相手にしていたのですが、父のほうでは、相談にのっているうちに引手茶屋の商売が面白くなって、芝白金の家よりも、吉原のほうに多くいるようになっていたのでした。

福田やえは、ですから今でいう愛人でしょうか。祖父は、家を空ける父のことを随分と気にかけ、子ども（私）の顔を見ているうちには、父も本宅への里心がつくかもしれないと、私を養女に出すのについて、そんなことも考えたようでした。

大体、祖父にとっての父は不肖《ふしょう》の息子というのでしょうか。祖父は、埼玉県行田の松平子爵家のご家政協議員をしていて、大層、厳格な人だったのですが、その息子である父は、女ばかりの姉妹の中で育ったせいか、子どものころから軟弱の気があって、祖父の気がかりになっていたらしゅうございます。で、人さまの中で鍛えたほうがためになるだろうと、東京にある渋谷ラシャ商会へ奉公に出されました。そこで行田出身の大沢龍次郎さんと知り合ったのが縁で、兜町《かぶとちょう》に証券取引の店を出すことになりました。

そのころが、父にとって最も羽振りのよい時期だったようで、柳橋の芸者衆に出《で》の着物《きもの》（裾に模様のあるお座敷着で、帯は後ろにやなぎに垂らして結ぶ）を着せて、一列車を借り切り、上野から大宮までくりだす、なんてことをしたらしいんです。日本髪に結った芸者衆が、まっ昼間から艶《あで》やかに着飾って、大宮公園に向かってぞろぞろ歩いてくなんて、普通じゃありませんから、何者だろうっていうんで、父は大宮警察署に連れていかれました。それで、祖父が警察署までもらい下げに行ったんだそうです。

ほかにも、役者衆やお相撲《すもう》さんを贔屓《ひいき》にしたり。お相撲さんといえば、前頭五枚目に「太郎山」（昭和六年ごろに活躍）というお相撲さんがいたのですが、弱いのでよけい贔屓にしていて、化粧まわしを贈ったりしてたんだそうです。

そんな道楽者の父をなんとか落ち着かせようと、祖父の考えたのが鴻巣《こうのす》（埼玉県）のつくり酒屋の一人娘との結婚だったのですが、小町娘と評判されていた母を迎えても、祖父の思うようにはならなかったんですね。

義母の福田やえは、芝神明で芸者をしていたとき、琵琶《びわ》師の鏑木検校《かぶらぎけんぎょう》にひかされ、所帯をもっていたことがあるのです。でも、家を手伝ってくれていた人と検校との間に子どもができまして、因縁なのでしょうか、福田やえのほうは子どもに恵まれず、両親が揃っていなくては子どもはしあわせになれないというので、身を引いたのだそうです。

たまたまそのころ、大正二年のことですが、吉原の仲之町通り、京町《きょうまち》一丁目に辰巳屋という、引手茶屋の売り物があったので、そこを手に入れ、芝神明で会っていたころの父が相談相手になった、といういきさつがあったようでございます。

大正七年になると、江戸町二丁目十九番地の、松葉屋という店が売りに出されました。ちょうどそのころ、福田やえは哥沢《うたざわ》（哥沢節のこと、端唄《はうた》の一種）の名取りとして芝美八重を名乗るようになっていましたが、哥沢の紋どころが松葉巴だったものですから、その店がすっかり気に入りまして、京町から江戸町のほうに店を替《か》えたのでした。

そんなときにも、父は福田やえにとって何かと頼りになる相手だったようです。でも相変わらず、することが派手で、当時の都新聞に花柳界の記事として書かれたことがあるんですよ。今でいう芸能記事のようなものだと思うのですが、歌舞伎役者や相撲取りと同じように、花柳界のことも盛んに書かれていたらしいんです。

記事というのは、お風呂へ行くにも相合傘で連れだって行き、入口で一旦は別れるけれども、出てくるとまた、一つの傘に入って帰る仲の良い二人連れ、といった内容のものなんです。一つの傘に二人が入ってお風呂に行くなんて、今では珍しいことでもなんでもないのに、当時は新聞で書きたてられたくらいですから、随分思い切ったことだったのでしょうね。

母や姉、兄たちはやがて浦和の祖父の許に身を寄せるようになり、祖父は祖父で、父を戻してくれるよう、福田やえのところに何度も足を運んでいたといいます。そうしているうちに、祖父はいつしか福田やえの気骨のあるところや、さっぱりした気性が気に入ってしまったのでした。何よりも、父へのつくし方に感じ入ったようで、ほかに何人も愛人をつくられるくらいなら、いっそのこと、この人と一緒にいてくれた方がいい、どうか息子を守ってやってください、と父を預けるような形で帰ったのだそうです。

今ではとても考えられないような話ですが、当時はさほど驚くようなことでもなかったようでございます。

私は養女として吉原に連れてこられたものの、父がほんとうの父ですから、貰われてきたという感じがなかったように憶《おぼ》えています。それに、記憶らしい記憶がないのも、新しい家をいやがってはいなかったせいのような気がするんですけれど、どんなものでしょうか。

あとになって聞いたことなのですが、養母《はは》がはじめ松葉屋の養女として考えていたのは、養母の姉の子ども――姪《めい》だったそうなのです。伯母はその子を松葉屋に預けたのですが、その子はしばらくの間、養母の手伝いをしていましたものの、掃除をしたあと、障子の桟《さん》に指をつけて埃《ほこり》が溜《たま》ってないかどうか調べたり、物の置き場所がいつもあるところから少しでもずれているといちいち注意するとか、養母の躾《しつけ》がとても厳しく、我慢しきれなくなって家を出てしまったというんです。

それから五年後に、三歳になったばかりの私が連れてこられ、関東大震災に遭って

行田市新兵衛地蔵に参詣。大勢の幇間に囲まれた筆者と父・養母やえ（昭和7年5月頃）

店の再建にかかる間を一時、浦和に預けられましたが、小学校に入学するのを機に昭和二年、再び吉原に戻り、昭和二十六年に養母が亡くなるまでの二十五年をともに過ごしてまいりました。そして、親子として松葉屋を守ってきたのですから、深い縁を感じずにはいられないのでございます。

でも、昭和二年に吉原に戻ってきたときは、馴《な》れるのに時間がかかりました。震災のとき、上野の山で一緒に夜明かしをした女中さんがいて、その人にはすぐなついたのですが、養母をなかなか「お母さん」とは呼べないんです。三年間、実の母親のところにいて、兄弟たちと一緒に「お母さん」「お母さん」とまつわりついていたんですから、無理もありませんよね。

それに、三歳のときには感じなかったかもしれない、生まれた家とのちがいも感じていたのではないかと、今にして思うんです。なにしろ浦和の家は、祖父母、母、兄、弟、妹と大家族で、しかも子どもたちはいつも動きまわって賑《にぎ》やかでしたが、吉原では、周りにいるのは大人ばかりですから――。

そんな私に、養母は着せ替えのできる日本人形を買ってくれました。夏はたて絽《ろ》、冬はひとこし縮緬《ちりめん》と、人形衣裳用に染めた着物を着せ替える人形なんですけど、養母は「これをあげるから、お母さんて呼びなさい」って言うんです。早くなつかせようと、養母も必死になってたんだと思います。

そのころ、子ども心に不思議だったのは、浦和の家と吉原を行ったり来たりしている父のことでした。母にはとても淋しいことだったと思うのですが、私を育ててくれている人ではあるし、大事にしてもらいたいという気持ちがあったのか、ここの養母には何かと気をつかっているように見えました。

養母もまた、折目折目には浦和まで挨拶《あいさつ》に行っていました。浦和に行くときは、どんなときでも必ず私を連れていくんですよ。ですから私もだんだん大きくなるうちには、養母は私がついてなくちゃ浦和には行けないのかしら、なんて思うようになりましてね。

でも、養母は道楽者の父にはとても苦労していたようです。お相撲さんや役者衆を贔屓にするだけではなく、無類のお人好しなものですから、人さまに頼まれると、すぐに書類に保証人の判を押してしまうのです。

合羽橋《かっぱばし》にある、日限《ひぎ》りのお祖師さま（本覚寺）は、日を限って願いごとをすると必ず叶《かな》うといわれていましたので、よく養母はそこに願かけをしました。一週間なら一週間、雨が降ろうと雪が降ろうと、ご開帳の日（毎月一日、二日、九日、十三日……）から一週間、お祖師さまに行き、南無妙法蓮華経とお題目を唱え、裸足でお百度をふんだりもしていました。

そういうときに、私も一緒について行ってましたから、養母は父のことを思ってるんだな、って子ども心にも感じていたものでした。子どもにもそれとわかるぐらい養母は父に誠につくしていたのでしょうね。

昭和五年に、祖父が亡くなりましたが、亡くなる少し前に「利子《としこ》、おまえはお母さんが二人あって、いいな」って言うんです。

「お母さんが二人もいるしあわせ者なんだから、お母さん孝行しなくちゃいけないよ」なんてことも言いますので、子ども心にもそうかなあなんて思いましてね。

実母と養母のことでは、周りの人たちが折につけ、心をつかってくれました。「生みの親より育ての親、子どもを育てるって並大抵のことじゃないんだから、育ててくれる親を大事にしなければいけないよ」と言ってくれる人があるかと思うと、「育てられなくって手放したんじゃないんだから、産んでくれたお母さんのことも考えてあげなくっちゃいけないよ」と実母の立場を考えてくれる人もありました。

自分のことを〝貰われてきた子〟と思うよりも、〝母が二人いる〟と思うことのほうがどれだけしあわせかわかりません。それは、祖父の言うとおりでした。のちのち、苦労は苦労なりに、なりゆきに逆らわず受け入れていけたのも、子どものころの環境のせいといいますか、周りの人たちのそれぞれの生き方が、知らず知らずのうちに私の心の中に入っていたからのような気がしてなりません。

引手茶屋の跡取りとして

私も昭和六十一年五月四日で六十六歳になります。六歳のときから数えましても、六十年を吉原で過ごしてきたことになります。

それに、店を継ぐのだという心構えが子ども心にもありまして、わけのわからないうちから、お客さまの履物《はきもの》を揃えるとか、水揚帳《みずあげちよう》（その日の売上記録帳）を持って引手茶屋組合のある会所《かいしよ》に持っていくとか、店の手伝いを喜んでしていましたから、六十年近い年月を松葉屋とともに生きてきた、ということになりましょうか。

でもこの昭和の六十年という歳月は、吉原にとってはかつてないほど大変なときで、太平洋戦争、赤線地帯、売春防止法の実施などと、めまぐるしく大きく変わりました。もちろん、ご時世を反映してのことですが、それにしましても、江戸時代のしきたりや雰囲気の一部が、昭和になっても残っていましただけに、戦中、戦後、売春防止法施行以後と、廓《くるわ》の外の世界以上に変わりようが激しかったのではないかと、私は思います。

太平洋戦争が始まるころまでの吉原には、貸座敷《かしざしき》（遊女屋）、引手茶屋、芸者屋の三つの組合がそれぞれあって、その三つの組合を三業組合がとりしきり、花魁《おいらん》（遊女）についても、お金の出し入れについても、廓内のことはすべてにわたって隠しだてがないようにできていました。ちょうど、吉原遊廓が成り立ったころ、庄司甚内《しょうじじんない》が吉原の名主《なぬし》として組織をかためたころの、その雰囲気が残っていたというふうに聞いております。貸座敷も大見世《おおみせ》、中見世《ちゅうみせ》、小見世《こみせ》とあって、お客さまの階級や財力に応じてそれぞれの場所で楽しむようになっており、そうした区分やしきたりのことがなんの不思議もない世界だったのでした。

そのころの吉原は、全町約三万坪（約十万平方メートル）、江戸町《えどちょう》一丁目、二丁目、角町《すみちょう》、揚屋町《あげやまち》、京町《きょうまち》一丁目、二丁目の六つの町からなっていまして、四十八軒の引手茶屋、大見世、中見世、小見世を合わせて貸座敷が百一軒、二十九軒の芸者屋、幇間《ほうかん》（太鼓持ち）、その他の商店で成り立っていました。

引手茶屋である松葉屋は、山口巴さんの隣で、貸座敷（大見世）に行く前のお客さまのおもてなしをし、貸座敷へ案内するのを仕事にしておりました。それと、芸者衆、幇間、貸座敷の水揚帳も引手茶屋が扱っておりました。

引手茶屋の店の規模は、間口三間（五・四メートル）、奥行が七間（十二・六メートル）という細長い家が多く、一番広い部屋が六畳、あとは四畳半とか三畳でした。松葉屋が昭和八年に建てました店は、部屋が六つありましたが、これなど部屋数が多いほうで、三部屋というのが普通でした。といいますのも、お客さまを貸座敷に送れば、あと、部屋は空くわけですから、次々にお送りするということであれば、それだけの部屋で充分だったのです。

そんな引手茶屋の店が、大門《おおもん》から水道尻に向かう仲之町通りの両側に、まるで芝居の書き割りのように建ち並んでいました。ですから、私が学校に通っていたころの仲之町通りは、幕が上がったばかりの、登場人物がまだ一人も現れない、しんと静まりかえったお芝居の舞台そのままでした。

芝居の舞台といえば、非常門も、鉄の扉を開けると番屋があって、そこを通るとき、よく時代劇の捕物帳を思い出したものです。私が学校へ行く時間には、吉原は朝が遅いところですから、非常門がまだ閉まっています。でも扉にはくぐり戸がついているので、そこを開けて、他所《よそ》の家の中を通るような感じで番屋を通って、表通りに面した格子戸を開けて外に出るのでした。

この非常門というのは、江戸町一丁目、江戸町二丁目、角町、揚屋町、京町一丁目、京町二丁目の六か所に備えられていて、外への出入口になっていました。番屋が門のそばにあって、常時、人が詰めていましたが、そもそも非常門というのは、お金で縛られている花魁《おいらん》に逃げられないよう、見張るために造られた門だということで、もう一つは、廓の中に逃げ込んだ狼藉者《ろうぜきもの》を閉じ込めるためのものとも聞いています。まあ時代劇の捕物帳を思い出したのは、そんなことからかもしれませんね。

昭和になると、この非常口は、全部、開放されていました。でも、花魁たちが外へ食事に行くとか、映画を観《み》に行くとかするときは、遣手《やりて》（花魁の身の周りの世話から客との駆け引きまでをした年配の女性）といわれたおばさんと一緒に警察に行き、何時に出かけ、何時に帰るというふうに外出時間を記入し、その書いたものを番屋の人に見せることになっていました。

廓の人たちも、廓から外に出るときは、鑑札を番屋に見せてから通ることになっていました。

小学校は、学区からいうと待乳《まっち》山《やま》小学校なんですけど、養母《はは》が貸座敷の子どもさんたちと一緒にならないようにというので、知り合いの電気屋さんに頼んで、千束《せんぞく》小学校に寄留の手続きをとってくれたのでした。

今、「金村」という料亭を経営していらっしゃる三宅加祢子《かねこ》さんと一緒でした。

千束小学校は千束二丁目にありますので、見返り柳のすぐ近くの待乳山小学校に行く子どもさんたちよりは、いくらか早く家を出なければなりません。方角からいって大門から出ると遠まわりになりますので、私たちは京町の不二楼《ふじろう》さんの前を通って、京町二丁目の非常門から表通りに出ていたのでした。

非常門のくぐり戸は、学校へ行く子どもたちの手で開けられるようになっていますが、廓の中は、まだ一日が始まっていません。芸者衆や幇間の声、お客の笑い声があちらこちらの店から聞こえていた前の晩とはうって変わって、静まりかえっているんです。

どこか通りの向こうで大戸を開ける音がしたり、貸座敷からの朝帰りの男のお客さんに会うこともありますが、大抵の日、歩いているのは、私たちだけです。

そして私たちが廓の外に出たころから、おかず屋さんが、煮豆や焼き海苔《のり》、佃煮《つくだに》などを持って、貸座敷の通りを売り歩くようになるのでした。

そういえば、私が学校へ行くのに、養母は前の晩どんなに遅くまで仕事をしていても、朝はきちんと起きてくれたものでした。神さまや仏さまにおまいりし、部屋の掃除をしてから、ごはんを食べさせ、私を送り出してくれるのです。

ただ、お弁当にまでは手がまわりませんので、お昼に間に合うように、できたてのあたたかいお弁当を学校にとどけてくれました。今日が三宅さんの家の当番なら、明日は私のうち、というふうに順番を決めて、女中さんが二人分のお弁当を持ってきてくれるんですけど、お昼休みが近くなりますと、廊下に女中さんの足音がするんですね。とたんにクラス中が廊下側の窓のほうに顔を向けるんです。席を立ってお弁当をとりに行くのが恥ずかしいような、ちょっぴり得意なような、でも、できたてのあたたかいお弁当は、とても美味《おい》しゅうございました。

今、小学校のころをあれこれ思い出しながら、江戸時代につくられた「浅草絵図」というのを見ますと、三宅さんと私が非常門のくぐり戸を通って出たところが、〝お歯ぐろ溝《どぶ》〟になっています。さらにその周りは一面の吉原田圃《たんぼ》で、吉原は周りから孤立した、文字どおりの遊里だったことがわかります。お歯ぐろ溝を海になぞらえ、吉原遊廓のことを「島」と呼んでいたのも、なるほどと思うのです。

さて、吉原遊廓の中に目を移しますと、江戸町、角町、揚屋町、京町と、私が子どもだったころの町名と同じ名が見え、大門から水道尻にかけての広い道が、昭和の吉原と同じく仲之町通りと呼ばれているんです。仲之町通りの両側には引手茶屋が並んでいますし、その後ろが貸座敷。区画だけを見れば、戦前の吉原と変わってないんです。

そんなことを思っていますと、江戸時代の吉原と昭和初期の吉原とは、昭和六十年の吉原と昭和初期の吉原とよりも、むしろ近いところにあるのではないかという気さえしてまいります。

振り向くと、江戸という時代がすぐそこにあるような、そんな雰囲気が昭和初期の吉原にはたしかにあったと、そんな感じなのです。

そういえば養母も、針仕事や編物をしているときなど、よく、吉原の成り立ちやら、江戸時代の太夫《たゆう》の話などを、まるで自分で見たことのように話してくれたものでした。

吉原遊廓の誕生

養母《はは》の話を思い出すまでもなく、吉原遊廓誕生は私にとっても、大変に興味のあることでございます。と申しますのは、三百年以上ももちこたえるような制度が江戸時代のはじめごろにできあがり、三万坪の土地に常に三千人の遊女がいて、不夜城といわれる別世界をつくっていたこととか、江戸時代の華やかな社交場として、歌舞音曲をはじめ、俳諧、狂歌、浮世絵など江戸文化の華を咲かせたこと、まして『助六《すけろく》』『籠釣瓶《かごつるべ》』など歌舞伎の舞台には、華やかな江戸の吉原が出てくるなど、どれ一つをとってみても、吉原に育った者として興味がつきないのでございます。

徳川幕府公許の遊廓として吉原が誕生したのは、元和三年（一六一七年）のことだと伝えられていますから、今からざっと三百七十年前のことになりましょうか。そのころの江戸は、まだ野原の中に、遊女屋があちらに二軒、こちらに三軒というふうに散らばっていたといいます。ところが、庄司甚内という茶屋の主《あるじ》が、徳川家康が江戸に幕府を開いて以来、江戸の町が年々賑わってきたので、遊女屋を一か所に集めて遊廓をつくることを考えついたのでした。

一日も早く江戸の町の基礎がためをしようとしている幕府に対して、遊廓という特別区域の設置を願い出た庄司甚内という人の才覚に、私は感心せずにはいられません。

なぜって、昔から日本は、性についての考え方がおおらかというのか、おおらかな性習俗をもっているというのか、賑やかな町や宿場には、自然発生のようにして遊女屋ができ、そこへ行くのが楽しみで大山詣《まい》りや成田詣りをする、ということがありました。また、江戸の町は男の人の人口が女の人に比べてずっと多かったということで、江戸の町が栄えてくれば、当然、遊女屋も繁昌《はんじょう》するにちがいない、というより、遊女屋は必要になってくると庄司甚内は考えたのではないでしょうか。

それで庄司甚内は、次のような理由をあげて幕府に許可願を出したといいます。

まず、遊女屋が町の中に散らばっていると、自分の分際もわきまえずに遊興にふけり、身をもち崩す者もでてくるが、遊女屋を一か所に集め、長逗留《とうりゅう》できないことにすると、そのため放埓《ほうらつ》ができなくなる。

　また、娘をさらったり、養女にするからといって貧しい親から子どもを貰い受け、大きくしてめかけ奉公や遊女奉公に出すなどして世渡りをしている不届き者もいるが、遊女屋を一か所に集めれば、そのようなことも監視し、防ぐことができる。

　もう一つは、遊女屋は世を乱す不穏分子の隠れ場所にされる危険性があるから、公許の遊廓ともなると身分の調べもでき、怪しい人物を挙げることもできる、とまあ、このようなことだったそうです。

　この願いが出された七年後に、遊女はある一定の区域内から出てはならない。客は一昼夜を過ぎたら必ず帰る、遊女は公《おおやけ》の場所に出るとき以外は贅沢《ぜいたく》なものを身につけてはならない、遊女屋は家を普請するとき派手な飾りつけをしてはならない、怪しい者がいたら住所を問いただし、それでも不審なときは自身番に訴え出ること、などを条件に許可が下りたのでした。

　そのうえに、火事のあとの監視をすること、役所や道路、橋を修築するときには人夫を出すこと、太夫三人を奉行所の式日ごとに奉仕に出すことなど、いくつかの負担が遊廓に対して課せられました。

　この太夫の奉仕といいますのは、当番の太夫が奉行所に出向いて、琴や三味線の演

元禄5年当時の新吉原大門内付近の賑わいを描いた肉筆画

奏をしたり、お茶の給仕をつとめたりすることでした。なにしろ当時の江戸には事件やもめごとが多くて、奉行所は休日がとれないくらいの激務でしたので、一件落着のあとは、太夫の演奏を聴いたり、お茶を飲むなどして次の仕事への英気を養ったのだそうです。

太夫というのは、容貌が人並みすぐれ、諸芸にも堪能で、「百人が中を十人にすぐり、十人の中より一人えらみ出すほどならでは太夫とはいひがたし」といわれたほどの、とび抜けて優れた遊女に与えられる尊称でした。奉行所出仕のときは、演奏とお茶のお給仕だけに限られていましたが、それでも、太夫のひく琴の音に耳を傾けたり、おいしく点《た》てられたお茶を飲めば、お役人の心も和《なご》み、さぞや仕事の能率が上がったことと思います。

遊女にとっても、奉行所出仕は大変に名誉なことでしたから、当番に当たった前の晩は客を辞退し、翌日お点前《てまえ》に使うためのお茶を挽《ひ》きました。この、客を断ってお茶を挽くというのが、いつのまにか、遊女が客をとれないでいることを〝お茶を挽く〟というようになったというのですから、言葉っておかしなふうに変わっていくのですね。

遊廓設置の許可と同時に幕府から与えられた土地は、現在の日本橋堀留一丁目あた

「江戸浅草絵図」(協力・喜多川周之助氏)

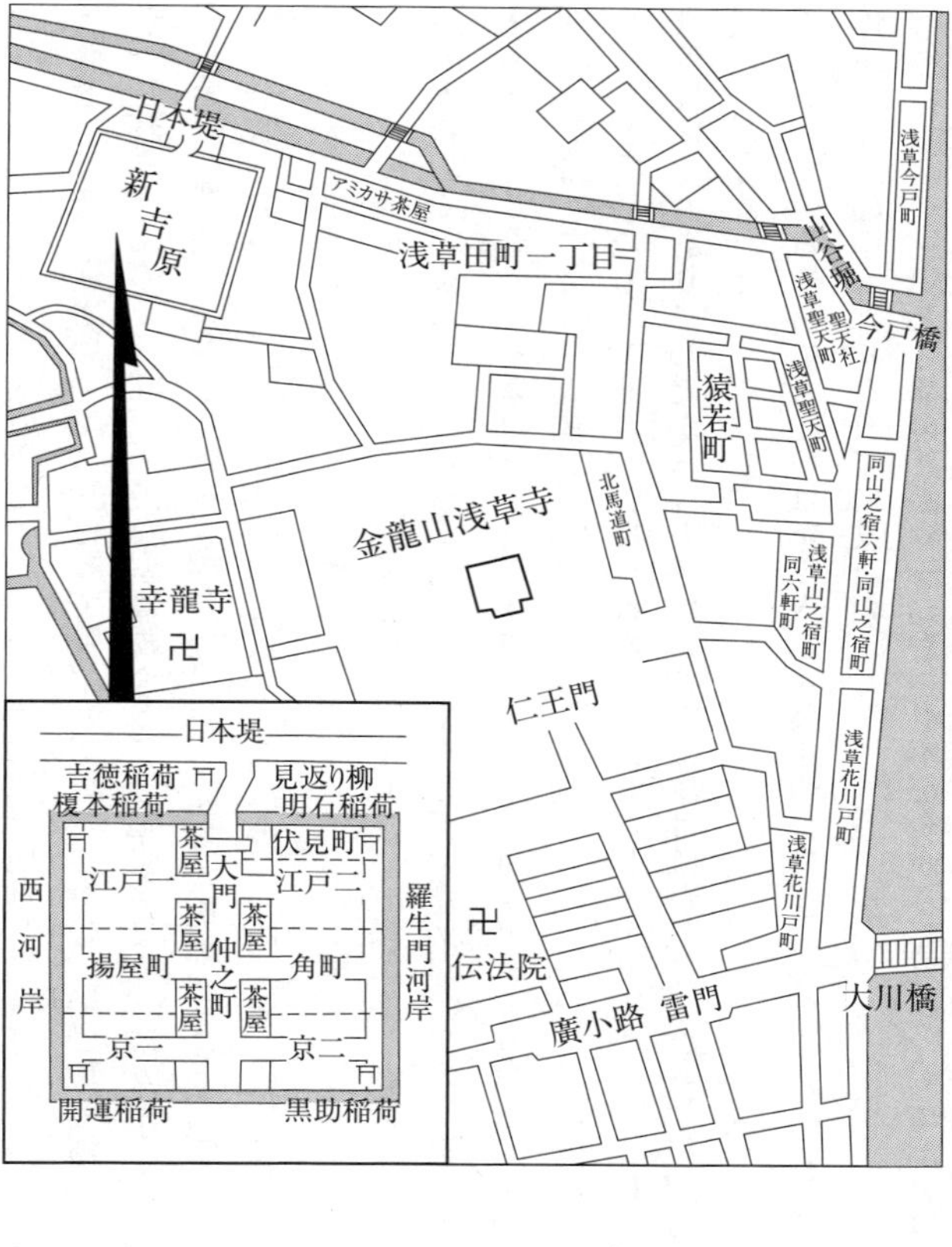

りの、葭《よし》や葦《あし》の繁る一面の湿地帯だったといいます。土地としては好ましい場所ではないけれども、そうかといって散らばって商売していたのでは、いつ取り潰《つぶ》しの目に遭うかもしれませんので、江戸の遊女屋は続々とこの地に集まり、遊女屋十七軒、揚屋《あげや》（引手茶屋の前身。客が遊女を呼んで遊んだ所）二十四軒の遊廓ができあがりました。葭の繁る土地ですので、〝葭原《よしわら》〟とよび、縁起をかついで、〝葭〟を〝吉〟に替え、吉原としたのが、吉原の始まりだといわれています。

ここでいう〝揚屋〟とは、太夫を招く店のことでして、主に大名、豪商といった人たちが出入りしていました。客から指名された太夫は、〝金棒引き〟〝禿《かむろ》〟〝遣手《やりて》〟などの供《とも》を揃えて遊女屋から揚屋まで道中をしました。これが〝花魁《おいらん》道中〟といわれるものの最初の形なのですが、揚屋に着いた遊女は、音曲を奏で、お茶を点て、歌を詠《よ》むなどして客と興じたものでした。吉原は囲われた区域ではありましたが、同時に中に入れば解放区でもありましたから、大名はここでは誰はばかることなく、気ばらしや憂さばらしができたということです。

そうこうしているうちにも江戸は年々人口が増えつづけ、いつのまにか吉原遊廓のある場所が江戸の中心部になっていました。

このままでは、風紀上も都市計画のうえからも不都合が多いというので、幕府の命によって、移転する計画が立てられていましたところ、振袖火事ともいわれる明暦の大火がおき、江戸市中の大半が焼けてしまいました。そこで、いくつかあった候補地から浅草観音の裏地が選ばれて、急きょ、移転することになりました。

これは明暦三年（一六五七年）のことで、それ以前の吉原を〝元吉原〟、新しい吉原を〝新吉原〟と呼んでいたようです。そしてこの土地で、昭和三十三年（一九五八年）三月三十一日、売春防止法施行前日までの長い間、遊廓の町、吉原として歩きつづけてきたわけでございます。

吉原通いの道

江戸のころ、新吉原へ通うことを〝吉原通い〟といったのだそうです。男の人たちにとって都合のよいことには、浅草には観音さまがあります。雷門を通って観音さまにおまいりし、右に折れると馬道《うまみち》に出ます。この名前は将軍がこの道を通って馬で浅草寺に参詣したので、つけられたと伝えられていますが、定かではありません。その馬道を通って日本堤《にほんづつみ》に出、見返り柳から左に折れて、五十間道のくの字型の衣紋坂を通って、吉原の入口である大門にやってくる道が一つありました。

もう一つは舟で行く道。そのころ柳橋は、隅田川の舟遊びや、深川、吉原の遊廓通いの客を乗せる舟の舟着場でした。で、その柳橋から舟で山谷堀に出、日本堤を歩いて大門に着く、という道順です。昭和二十年ごろまでは、まだ、この舟があったんですよ。吉原遊廓の周りにめぐらされていた〝お歯ぐろ溝《どぶ》〟は、遊女の逃亡を防ぐためにつくられたもので、江戸時代には五間（約九メートル）の幅があったそうですが、明治の末ころには三尺（約一メートル）幅になっていました。

こうした堀を周囲にめぐらすことによって、吉原は他と隔絶した地域になっていたのですが、このお歯ぐろ溝のそばには、通称〝河岸見世《かしみせ》〟と呼ばれる、値段の安い遊女屋がありました。そして、そこはそこで、結構、繁昌《はんじよう》していたということです。

全町三万坪といわれた区域ですので、引手茶屋《ひきてぢやや》を通さなければ上がれない〝大見《おおみ》世《せ》〟、〝張見世《はりみせ》〟といって、格子の中で遊女が名指しを待っている〝中見世《ちゆうみせ》〟〝小見世《こみせ》〟、それよりも値段の安い〝河岸見世〟と、遊女の質も値段もさまざまあって、上は大名、豪商から、一般武士、農民、職人、商人などそれぞれの身分や経済力にふさわしい遊女を求めに、駕籠《かご》に乗ったり馬に乗ったり、舟を使ったりして、江戸の男たちは吉原に通ってきたのでした。

明治に入ると、浅草は〝観音さまの浅草〟と同時に〝東京市民の娯楽地、浅草〟として栄えるようになり、吉原もその勢いで一段と賑わったということでございます。

ご年配の方によく、子どものころ、おやじに吉原に連れていかれた、なんて話をなさる方がいます。お父さんに手を引かれて浅草に行き、たくさんの人だかりの中を猿芝居を見たり、お汁粉を食べたりしたあと、吉原の貸座敷まで連れていかれたところが、お父さんが急にいなくなって、どうしようと思っていると、そこへ、おばさん（たぶん、花魁の下働きをする下新《したしん》さんか花魁）がきて一緒に遊んでもらったというんです。

子どもを終日遊ばせることのできる浅草は、若いお父さんにとって、吉原行きの格好のかくれみのだったのかもしれませんね。

その浅草は、上野とともに東京ではじめて公園として指定されたところで、元はといえば金竜山浅草寺の寺有地だったのを、そのうちの三万三千坪を国が国有地としたものなのだそうでございます。

なんでも、その浅草公園は六区に分けられ、一区は観音さまのある境内とその周辺。二区は仁王門から雷門まで。ですから仲見世《なかみせ》の両側ということになりますね。三区は伝法院のあるところ、四区は瓢簞《ひょうたん》池のある中間の林泉区、五区は見世物小屋の集まる、いわゆる「奥山」、六区が映画館や見世物小屋のある区域、というふうになっていたといいます。

六区には、芝居興行が専門の「常盤座」、都踊りの「日本館」、加藤剣舞の「清明館」、そして活動写真の「電気館」などが並び、大正六年には常盤座による伊庭孝や高木徳子ら一座、原信子の観音劇場、或いは御園座による者などいわゆる浅草オペラの全盛期を迎えることになったというんです。

オペラは関東大震災以後は浅草から消えてしまいましたが、オペラにかわって軽演劇の「カジノ・フォーリー」が旗揚げし、エノケンや、若い踊り子のレビューに人気が集まったということでございます。

浅草といえば、養母《はは》など、よく「凌雲閣《りょううんかく》」のことを話していたものです。凌雲閣というのは、明治二十三年、浅草に建てられた、八角形の形をした建物で、十二階もあるというので、当時の人々を驚かせたものなのだそうです。

十二階建ての、十階までがレンガづくり。十一階、十二階が木造で、麻縄で吊った「つるべ式昇降装置《エレベートル》」と称するエレベーターがついていて、八階まで一気に上がるというので、またまた、人を驚かせました。エレベーターは、大人が六銭、子どもが三銭、十一階と十二階に備え付けの望遠鏡の見料は一銭。でも望遠鏡を借りるまでもなく、凌雲閣の十一階、十二階から眺める富士山や東京周辺の眺めは素晴らしく、この凌雲閣ができてから、浅草は日本中に知れわたるようになったのでした。でも、この浅草名物の凌雲閣は、関東大震災のとき二つに折れ、それ以来、取り壊されてしまったのだそうです。

凌雲閣のほかに有名だったのは「花屋敷」で猿や熊、鳥など動物がたくさんいる小動物園、あやつり人形や猿芝居、お汁粉、甘酒、おすし、そばなどの食べ物屋が並んでいて、ほかに遊園地のなかった当時は、大人にとっても子どもにとっても、たっぷりとたのしめる東京一の名所だったのでした。

浅草が東京の盛り場として人気が高くなってまいりますと、吉原へも人の足が向くのは当然で、幼い子どもまでがお父さんのおつきあいをさせられるようになったのでしょうね。

お父さんがそうして花魁の部屋に上がっている間、子どもは下新（花魁の下働きをする十五、六の女の子。花魁の見習い）とか身体の空いている花魁と、おはじきやお手玉をしたり、歌を歌ったりして時間を過ごしていたわけですが、子ども好きの花魁が多かったとかで、子どもはその間も退屈なぞしなかったようでございます。

吉原の花魁

吉原の主役はなんといっても〝花魁〟で、それこそ吉原は花魁で成り立っている町、ことに江戸時代の花魁の華やかさは格別だったということでございます。

この〝花魁〟ですが、吉原では上級の遊女のことを花魁といっていたのを、いつのころからか、吉原の遊女すべてを花魁と呼ぶようになりました。

品川、板橋、千住、新宿にも遊廓はあったのですが、そこは〝江戸の四宿〟といわれていまして、そこに働く遊女たちは〝宿場女郎《しゆくばじよろう》〟とか〝飯盛女《めしもりおんな》〟と呼ばれていたのだそうです。ところがそのころには、吉原の遊女は〝花魁〟と呼ばれていたのですから、吉原にはやはり、徳川幕府公許の遊廓として、ほかの場所とはちがう、格付けがあったのかもしれません。

花魁という呼び名の由来については、禿《かむろ》や新造《しんぞう》が姉さん株の遊女を「おいらがの、え、太夫さん」と呼ぶ、その言葉がつまって〝おいらん〟になったと聞いております。

また、花魁という文字は、桜の咲く季節に花魁道中が行なわれたとき、着飾った遊女たちの姿が、その桜の花よりも美しかったので、花にさきがけるという意味から、〝花魁〟の文字をこれに当てて、使うようになったということです。

でも花魁といっても、上は、大名、豪商の相手をつとめる高級花魁から、下は河岸見世の花魁までさまざまでしたけれど……。

そのころの大見世《おおみせ》の高級花魁ともなりますと、歌舞音曲はもちろんのこと、廓《くるわ》言葉ながら話術に長《た》け、生け花、茶の湯、書道、歌道、香道などの教養があって、その品格や教養など、とても一般の女性の及ぶところではなかったようでございます。まあそれだけ大見世のほうで、時間をかけ、お金をかけて磨き上げたのだと思います。

最上級の花魁は太夫といわれていましたが、吉原の高尾太夫は、絵を上手に描く人としても名が知られていたようです。なんでも仙台の伊達公がおみえになったときに、蘭語を使って話をしたということを養母から聞いたことがあります。

ですから、高級花魁のいるところには、自然に大名や豪商が集まり、吉原はまるで華やかな社交場であったそうです。

そうなりますと、絵師や俳諧師、歌舞伎役者、戯作《げさく》者なども競って出入りするようになり、その活力が歌舞伎、浮世絵、狂歌、川柳などの傑作をつぎつぎと生み、吉原はまさに江戸文化が百花繚乱《ひやっかりょうらん》と咲き誇る、豊かな土壌になったのだと思われるのです。

〝女衒《ぜげん》〟といわれた人たち

こうした花のようにきらびやかで、大名、豪商、絵師などをその周りに集めた誇り高い花魁も、元はといえば貧しい家の女の子たちでした。

昔、女の子は十いくつになると、女中奉公や遊女奉公に出すのが珍しいことではなかったので、貧しい地方では、跡取りの息子が一人生まれさえすれば、あとはむしろ女の子が生まれるのを喜んだということです。江戸時代よりさらに昔のことですが、食糧の乏しい地方では、女の子が七つ八つになると、親が他国に売りに出す風習があって、十三世紀のころには、人身売買を禁じる法令が出されたことさえあるんだそうです。

江戸時代も、親が病気なのに薬が買えない、水害のために小作料が払えなくなった、父親が浪人になって一家が路頭に迷っている、飢饉《ききん》のために明日から食べる物がない、そんな親のために、女の子は〝女衒〟に身をあずけられたのでした。

〝女衒〟は、女の子を必要としている遊女屋と、お金がほしい娘の親との間にたって口ききをするのが商売でした。〝女衒〟の〝衒〟というのは、売る、という意味の字なんだそうですが、となると、女を売る商売ということになるのでしょうか。あくどいとか、冷酷とかいうイメージが〝女衒〟にはつきまといますが、元はといえば、大名や豪商の遊び相手として、それにふさわしい娘を探し出す役目をもっていたのでした。遊女屋の主がいちいち地方に出向いて娘を探し歩くわけにはいきませんから、専門の口入れ屋というのが生まれるようになったのでしょうね。

ところが大名が経済的に困ってきたことから、その遊びがしだいに吉原から離れ、かわりに庶民の遊び場になってまいりました。そのころから花魁の格付けにも厳しさがなくなり、女衒の質も落ちていったということです。はじめのころの世話役的なものから、ただの金銭目当てのものになって、遊女の転売をしたり、ひどい例では女の子のかどわかしをするようなこともあって、寛政四年（一七九二年）には、女衒禁止のお達しが出たほどでした。

けれども花魁を集めるには、やはり周旋の役をつとめる人が必要だというので、女衒の仕事を口入れだけにとどめ、廓の中に居住させて名主《なぬし》がこれを管理する、ということにして再び許されることになったのでした。

吉原には、大名の相手をする花魁から、お歯ぐろ溝に近い河岸見世で働く花魁までいくつかの等級がありましたが、これをわりふるのも女衒の仕事の一つで、連れてきた女の子がどの見世（遊女屋）にふさわしいか、その眼にはほとんど狂いがなかったようでございます。

女衒はまず、女の子の眼を見た、といわれています。涼しく張った眼を最良とし、それから鼻すじ、口元、肌、性質、仕草などを見るのだそうです。けれども美しい娘は必ずしも頭が良いわけではなく、利発な娘が美人とは限らず、陰気だったり、お転婆だったり、顔、頭、心、と三拍子揃った娘に出会うことはまれで、女衒なりの苦労はあったようです。

本人と見世との間に交わされる年季は、大体十年で、五、六歳のときに禿《かむろ》（遊女の使いをする女の子）として連れてこられた場合の年季は、二十年だったといわれています。

その禿ですが、五つ六つのころから、芸事や礼儀作法を仕込まれ、振袖新造《ふりそでしんぞう》（客をとるようになったばかりの遊女）になり、それから花魁へと上がっていきますので、その間にかかった莫大な費用を取り返すために、そのぶん年季が加算されることもありました。

また、年季が十年とはいっても、その後二、三年のお礼奉公をするのが普通でしたから、花魁たちは十年から二十年の間、親の借金を返すために働きつづけたということになりましょう。

返済途中に身受けされる花魁は、最も好運な例で、年季をつとめ上げた後、馴染《なじ》みの客と所帯をもつ人、遊女屋に残って遣手《やりて》になる人、吉原以外の土地へ行って遊女稼業を続ける人、お客に病気をうつされたり、労咳《ろうがい》（肺結核）にかかって廓の中で亡くなる花魁など、これは遊廓があった間はいつの世も変わっていません。

マリア＝ルース号事件と貸座敷

徳川の世が終わり、明治時代に入りましても、吉原遊廓はそのままの形で残りました。けれども、文化発祥の地としての活力が失われたというのがやはり本当のようで、新しい時代の風が廓《くるわ》の中にも入ってきました。

マリア＝ルース号事件は、まさにそうしたものの表われのように私は思います。

マリア＝ルース号というのは、ペルーの汽船なのですが、清国（中国）から奴隷を買い、帰国の途中、太平洋で暴風雨に遭い、船が破損してしまいました。それで船の修理をするために横浜港に入港したのですが、そのとき奴隷の一人が船を脱出して、イギリス軍艦に救いを求めたのでした。

奴隷に逃げられたペルー側は、イギリスの軍艦に、すぐに身柄を引き渡すように要求し、引き渡すことができないというイギリス側と、引き渡しを迫るペルーとの間に裁判が開かれることになりました。場所が横浜でしたので、日本がその裁判を引き受けることになったのですが、そのときの特別裁判長、大江卓は「奴隷売買は国際法違反」という判決を下し、中国人の身柄は本国に戻されることになりました。

ところが、これがペルーと日本との外交問題にまで発展しまして、ペルーの弁護士は「日本が奴隷契約が無効だというなら、それよりももっと酷い目にあっている日本の娼婦のことは一体どうするのだ」と国際裁判で述べたのでした。ところが大江卓はすかさず「日本ではただ今、公娼解放の準備中である」と答え、突如、明治五年十月二日、「娼婦解放令」が発令されたのでした。

解放令が出されたというので、遊女たちは喜んで、さあこれで親許に帰れる、と言いながら支度をし、われがちに外に出ようとしたものですから、大門は大混乱になったそうで、そのときの様子を写した写真を私は見たことがあります。

けれども、故郷で暮らしていけないからこそ吉原に来た人たちですから、帰ったところで喜んで迎えてもらえるはずがなく、故郷を出たまま行き倒れになる娘やら、多くの娘が私娼になるやらで、政府は慌てて、吉原、新宿、品川、板橋、千住の五か所を公娼地区として認めることにしたのでした。ただし、その公娼制度も自由営業の名目で認めることになっていましたので、それまでのように娼婦の身体を縛るのではなく、営業したい娼婦に場所を貸す、ということにし、それまでの〝遊女屋〟が〝貸座《かしざ》敷《しき》〟と呼ばれるようになり、貸座敷制度が生まれたのでした。

妓楼の主と花魁との関係は、身代金制度によって成り立っていましたが、それからは金銭貸借関係――貸し手と借り手の関係になった、ということでございます。

吉原の四季

明治大正から明和にかけてのころは、娯楽といっても今のように数多くあったわけではないので、四季ごとにめぐってくる行事を、人々は楽しみにしていたものでした。吉原には江戸時代からひきつがれているいくつかの行事がありまして、貸屋敷に来る客だけではなく、女の人や子どもたちなど、外からの見物人で、行事のたびごと、仲之町通りは夜遅くまで賑《にぎ》わっていたものだそうです。

この吉原の行事に活躍するのが、仲之町通りの青竹の柵で囲んだ植え込みでした。春がきますと、大門から水道尻まで三か所――ちょうどこの私どものところから江戸町一丁目、江戸町一丁目から角町、角町から京町、というふうに区切って桜が植えられます。桜並木がもともとあったのではなく、季節がくると植木職人によって植木柵の中に桜の木が植えられるんです。

桜が植わると一緒に、植木柵には、引手茶屋の屋号を書いたぼんぼりがかけられ、日暮れになるといっせいに灯がともります。桜の花がぼんぼりの灯に映えて夢見心地のところに、引手茶屋の二階から、芸者衆の弾く三味線の音、幇間《ほうかん》や客の笑い声などが往来に向かって流れ、そぞろ歩きの人たちは、心が自然に浮きたってきたものだそうでございます。

今、電話局になっているところが、そのころは空き地になっていまして、桜は季節が過ぎるとそこに移し植えられます。かわって、夏の粧《よそお》いとして、七草を描いたかけあんどんが植木柵を飾るようになります。花魁の艶姿《あですがた》や草花、風景など、かけあんどんの絵に、絵師たちはその腕を競い合っていたものでした。そのころは今のように展覧会場はありませんでしょう。ですから絵師たちは腕の見せ場所がありません。吉原仲之町の植木柵は、そうした時代の展覧会場の役目を果たしていたのでしょうね。また、柵の中には桔梗《ききよう》、女郎花《おみなえし》などの下草が植えられ、春とはまた趣のちがう仲之町通りになりました。

そして菊のころには菊人形。歌舞伎の助六や揚巻《あげまき》の菊人形が植木柵の中に飾られ、大輪の菊だとか懸崖《けんがい》も並びます。また十一月から四月の桜の季節までの間は、連《れん》が作られます。杉の坂を並べて、塀《へい》のようなものを作り、この板に三つ以上の品物を吊るして、判じ物のようなことをするんです。たとえば、鉢巻き、尺八、煙管《きせる》が一組になっていると、ああこれは歌舞伎の『助六』だとかいってたのしんだものです。

こうして書いていながら熱が入りますのも、昭和になってからも――戦争が始まるころまでなんですけれど――、植木柵は四季折々の飾りつけで私を楽しませてくれていたからでございます。ことに桜のころは、妙に心の浮きたつものがありました。桜の花が咲き揃っているだけではなく、松葉屋、山口巴、林屋、若乃屋、竹治、栄屋、近半と、店の名前を入れたぼんぼりが桜の間に並び、まるで芝居を目のあたりに見ているような、私自身が芝居の書き割りの中にいるような、なんとも嬉しい気分だったものです。

やはりそのころのことですが、桜の季節にはまた、毎年、角海老《かどえび》さん、稲本《いなもと》さん、大文字楼《だいもんじろう》さん、不二楼《ふじろう》さんの大見世から、引手茶屋に花暖簾《はなのれん》が送られてきたものです。木綿地に桜の花の置き染めをした、見るからに春らしい暖簾ですが、引手茶屋では、朝起きるとまっ先にこの暖簾を店の前にかけます。そして、雨が降ると急いで中に入れるんです。

花暖簾は毎年新しいものが届けられますので、養母は季節が終わると、それをきれいに洗濯して大きな風呂敷に作り替え、布団を覆うのに使っていました。

昭和初期、春の吉原仲之町。引手茶屋の軒先の花暖簾と植木柵の前の半玉と芸者衆

11月から3月まで仲之町通りを飾る連

吉原の行事というと、そんなことまで思い出されます。

また、明治、大正時代にはあって、昭和になって廃《すた》れたものに〝仁輪加《にわか》〟というのがございます。この仁輪加も随分人々を夢中にさせたもののようで、九月のはじめから、雨が降れば日延べをするという具合にして行われました。

そこのけ舞台を先頭にして、屋根のない舞台を取り付けた車が二台つづき、これが一組になって、それぞれの車の前後に鳶《とび》の若い衆がついて、引いて歩いたのだそうです。

そこのけ舞台といいますのは、屋根は付いているのですが、底が抜けていて、両側に車が付いているもので、この中に人が入って歩きながら笛を吹いたり、鉦《かね》や太鼓をたたいたりする鳴り物の車です。そのあとには芸者衆の車がつづき、ここでは踊りや三味線、唄を聞かせてくれます。最後の車は幇間の車で、仁輪加という即興の風刺劇をみせて、皆を笑わせたということです。

このようにして、ひととおり芸がすむと、屋台は次の場所に移り、そこでまた芸が始められるのですが、見物人は場所から場所へと眼の色を変えて移動するやら、ここなら車が止まりそうだという所へあらかじめ陣取るやら、もう、大変な騒ぎだったらしいんです。

そのほか、節分の豆まき、お酉《とり》さま、毎月の午《うま》の日ごとの仲之町の縁日と、そのころの吉原は年中、何かしら行事が行われている町でございました。

二章　私が松葉屋に来たころ

女性の純潔が尊ばれた時代

お若い方の中には、日本のあちこちに国が公認し管理する遊廓があったなんて、不思議に思う方がいらっしゃるのではないでしょうか。まして、男の人たちが公然と出入りし、女の人にもそれを認めるところがあったなんて、男女平等の世の中ではとても考えられないことだと思うんですね。

ところが、当時は世の中のしきたりや雰囲気が、今とはまるっきりちがっていまして、そうですね、太平洋戦争を境にすっかり変わってしまったということですけれど。ですから、吉原のお話をするについてはそうした背景のようなものも少しずつお話ししていかないと、わかっていただけない面があるかもしれませんね。

今は九割近くの人が中流意識をもってると聞きますが、吉原が繁昌《はんじょう》していたころは、金持ちと貧乏人、地主と小作人、高官と下級官吏、使う人と使われる人、というふうに、見た目にもはっきりと、階級というのでしょうか、差別がございました。そして男と女もまた、その立場に差があったように思うのでございます。

これを男性社会というのでしょうか。そりゃ生活の面でも精神的にも、女性は男性を支えていましたけれども、仕事も遊びも恋愛も、男の人たちのもの、というところが確かにあったと思うんです。

男の人は仕事もし、遊びもし、廓《くるわ》へ行き、そう、十七、八になると、先輩が廓に連れて行って男にする、ということはよくあることでしたが、女のほうは、結婚前に普通の娘が男の人とつきあうなんてことは考えられない時代だったのです。ですから、ほとんどの女性は、恋愛の経験もなく、親がすすめる人と結婚し、家庭におさまりました。

一方、男の人は社会的に力をもっていましたから、家庭は家庭としてこれを大切にし、プロの女性を相手にお金で買える恋愛をしていました。お金で買える恋愛でしたから、日常生活と切り離した場所で、限られた時間だけの楽しみをし、それだけに、この節のようなもめごとにもならなかったのではないでしょうか。

結婚前に恋人同士になる人たちがいても、精神的なもので、愛情が深ければ深いほど、男の人は、相手の女性の純潔を守ってあげる、というようなところがございました。こんな話を聞いたことがあるんですけど、ある男の人が美しい婚約者と音楽会に行き、音楽を聴いたり食事をしたりしているうちにすっかり気分が昂揚《こうよう》しました。でも結婚前のことですから、手ひとつ握ることができず、男の人は婚約者を家まで送り届けるなり吉原に行って、花魁《おいらん》に触れることによって、その熱気を冷《さ》ますことができたのだそうです。

まあこんなふうに、恋愛でさえ、心と身体とが分離していた時代、と考えることができましょう。一般の女の人たちは、女として成熟していることよりも、純潔というか、処女性が尊ばれていたんですね。そのように教育されていたせいでしょうか、女の人には、恋愛を夢みることはあっても、それは精神的な愛だけで、結婚が決まっても花嫁修業をしながらその日を待つ、というのが普通でした。

一方、男の人のほうでは廓遊びは公然と認められたものでしたから、心と身体に切り離された恋愛の、その身体の部分を花魁たちが引き受けていたともいっていいのではないでしょうか。

当時の奥さん方も心得たもので、たとえば病気になってご主人のお相手のできないときなど、「主人をよろしく頼みますね」なんて電話がかかるんです。私どもではご主人をお馴染《なじ》みの花魁のところへお連れするんですけど、花魁にはそれだけプロとしての心組みがありましたから、気持ちのうえでも、衛生面でも、安心してご主人を任されたんだと思います。

昔、吉原にいらしたことのある方にお聞きしますに、よく「昔の花魁は優しかった」とおっしゃいます。

「『寒かったでしょう？』とか『(来てくれて)うれしいッ』とか言われると、もう、心がほわっとしてきてね」なんて懐かしそうな顔をされるんですけど、私の知っている限りでも、気立ての良い優しい娘《こ》が随分いました。そういう娘たちは、親のために借金を背負っていながら、故郷の親兄弟のことを折につけ心にかけるような親孝行者でした。

〝親孝行〟という言葉は今もありますが、でも、昭和初期のころの〝親孝行〟という言葉のもつあたたかさや、その反面の、暗さや哀れさのような雰囲気は、日本中、もう、どこを探してもないのではないでしょうか。

そのころは、君には忠、親には孝、先生を崇《あが》め……、なんて縦の関係を大事にする世の中でしたから、小さいうちから〝親孝行〟が滲《し》み込んでいまして、子どものために親が一生けんめいになっている当節とはちがい、親を大切にすることが子どもにとって一番大切なことなのでした。今とはまるっきり逆みたいなところがありますね。まあ、親が貧乏とたたかって、一生けんめい働いている姿をみていたのでしょうし……。それどころか、親がぐうたらでも、子どもは親に逆《さか》らったりしませんでした。ですから、親のために身売りをしても、決して親を恨んだりしませんし、そんなところが、客である男の人たちに健気《けなげ》で優しい印象を与えていたのかしら、なんて思うんです。

昭和恐慌と吉原

昭和は経済恐慌とともに幕が開かれた、といいますが、ことに昭和五年から八年にかけての日本は暗い世相だったようでございますね。

昭和五年といえば、私は九歳、あのころ吉原で働いていた花魁《おいらん》たちは、生活に困って送り込まれてきた農家の娘さんたちがほとんどだったそうです。

赤線廃止のころまで、おばさん（遣手《やりて》）をしていたおヨシさんは、昭和六年、十八歳のとき花魁になるために吉原に来た人ですが、その前は、長野市の製糸工場で糸繰《いとく》りの仕事をしていたのでした。

昭和五年は日本だけでなく、世界中が経済恐慌の中にあったものですから、日本の主な輸出品だった生糸が売れなくなって、製糸工場は操業短縮をすることになり、糸繰り工の半分が故郷へ帰されたというわけです。

「あのころはお腹《なか》がすいてすいて、ほんとに辛かった。戦争中の食べ物がなかったときの、あんなものじゃないわ。戦争中は何かしら配給があったし、それに女将《おかあ》さんが食べ物を用意してきて食べさせてくれたけど、あのときはなあんにもないんだもの」

と、おヨシさんは昭和五、六年ころの話をよくしてくれました。

「山へ木の実を拾いに行くんだけど、弟や妹たちに分ける気がしまいにしなくなるの。弟たちに分けると、自分の分がなくなっちゃうでしょう。だから一人で、生《なま》のまま食べちゃった。大根も生のままよくかじったものだわ」

そのころの記録を見ますと、昭和五年の失業者の数は、給料生活者と日雇労務者を加えてですが、六人に一人の割合だったとあります。そのころの新聞はほとんど毎日、一家心中だとか、ひもじがる子どもを見ているうち、お母さんが気が狂ったとか、普段まじめな人がよそへ泥棒に入ったとか、失業が原因の暗い記事を載せていましたが、失業を免れた人も、給料の不払いやベースダウンは当たり前だったというんですね。しかも今日このごろとはちがって、一家に何人も子どもがいましたから、とにかく食べ盛りの子どもを飢えさせないための親の苦労は、並大抵ではなかったと思うんです。農村になると、ことは一層深刻で、昭和五年は全国的に大豊作だったのに、農産物がありあまって値下がりし、豊作貧乏といわれ、前の年のお米の値段が一石（十斗、約百八十リットル）当たり二十九円だったのが、その年の暮れには十七円七十銭と下がり、野菜もキャベツ五十個が二十銭ぐらいになったものだそうです。

　ところが昭和六年は、北海道、東北地方は冷害による不作。農家でありながら食べる物のない家が東北地方にはたくさんあって、おヨシさんのように山に生えてる草や木の実を拾って飢えをしのぐなんてことは、日常ざらだったといいます。

　製糸工場をやめさせられたとき、おヨシさんは家へ帰ればなんとかなるだろう、少し休ませてもらってから働き口を探そう、ぐらいに思っていたのに、家に帰ってみると、家が小屋みたいに小さく見えて、自分の座る場所さえないのに気がついたのでした。製糸工場の寄宿舎からみれば家は小屋のようなものかもしれませんが、でも、おヨシさんがしばらく家にいないうちに、おヨシさんは小さい家からはみ出してしまっているのでした。

　そして、前ぶれもなく帰ってきたおヨシさんに、誰もがあまりいい顔をしてくれなかったのです。みんなお腹がすいているし、畑の作物は穫《と》れないし、機嫌が悪いのも、みんな辛いからだろうと思いながら、おヨシさんは自分が帰ってきたせいのような気がして、いたたまれないのでした。

そんなとき、小学校で同級だった友だちが、福島の製糸工場からやはり解雇されて帰ってきたのですが、旅費を会社から支給してもらえず、やっとの思いで旅費を集めて帰ってきたのを聞いて、汽車に乗せてもらえただけでもましだったと、そんなことが慰めになるような毎日でした。

誰それは秋田の網元のところに女中奉公に行ったとか、誰とかは新潟へお女郎さんに行ったとか、友だちの噂がしきりに聞こえてくるころ、おヨシさんは役場の掲示板に「娘身売りの場合は当相談所へおいで下さい」という貼紙が出ているのを見つけました。掲示板からはみ出すぐらいの、一目で眼につく貼紙でした。

ところがそれを両親に言うと、両親はとっくに知っていて「申し訳ないけど、これよりしようがないから、おまえ、頼む」と頭を下げ、役場の中の相談所ではなく、父親が前からそれとなく聞き知っていた周旋所に出かけました。東北地方では娘さんのいそうな町には周旋所が昔からあって、警察の管理下にある周旋人は〝公周旋人〟と呼ばれていたのでした。

周旋所の中には、瘦《や》せて小柄な、眼つきのいやに優しい男の人がいて、にこにこしながら「あんたのような器量よしは、吉原へ行けばみんなに可愛がられること請け合いだ。東京の吉原はいい所だから、なんにも心配することなんかない。いや、よく思い立った」と言います。声も女のように優しくて、おヨシさんは久しぶりに大人のにこにこ顔を見たと思うのでした。

おヨシさんの吉原行きはその場で決まり、六年の年季奉公と四百円の前借金の取り決めが交わされました。それから、親の承諾書、戸籍抄本、遊廓に身を預ける理由を記した書類が父親から周旋人に渡され、おヨシさんは吉原に行くことになりました。その日になると、母親は、辛い目に遭わせるといって涙を流しましたが、十八歳のおヨシさんは辛いとも悲しいとも思いませんでした。吉原に行って腹いっぱいごはんが食べられるのが何よりもうれしかったし、きれいな着物を着たり、筵《むしろ》ではなく綿の入った布団に寝られるというのもありがたく、弟や妹たちの物を減らす心配もなく、そしてそのどれよりも、父親のほっとしたような顔を見られたのがうれしかったのでした。これで、父親と母親に少しでも親孝行ができてよかったと思ったそうです。

おヨシさんの話にはまだおまけがありまして、おヨシさんが周旋人と一緒に東京に行こうという朝、綿入れのはんてんを着た、汚れた顔の女の子が二人、駅に待っていて、一緒に東京に連れてって、と周旋人に頼むんだそうです。「あなたたち、何歳《いくつ》か」と周旋人がきくと「十二だ」と答える顔がどこから見ても子どもで、大きくなったら連れてくから、と言いきかせるのが一苦労だったのだそうです。子どもたちは、吉原へ行けばいい着物が着られ、ごはんが腹いっぱい食べられるというのをどこから聞いて、朝早くから駅に来て周旋人を待っていたのでした。汽車に乗ってからもおヨシさんは、子どもたちの汚れた顔やはんてんが目にちらついてならなかったそうです。おヨシさんの口ききをした周旋人は、それから何度となく、東京と山形の間を往復したことでしょう。

こうしておヨシさんの昔話を思い返していますと、おヨシさんはやはり家を救ったのだとも、おヨシさんの身売りしか家を救う方法がなかったのだ、とも思えてくるのです。あのころは、農業の技術も今のようには進んでいませんから、冷害に遭うと、農家はもう、ひとたまりもありません。家族がその日その日に食べるお米もありません。しかも、農家の救済制度もできていませんし、今のような福祉制度もありません。こういうときに、女の子たちが身を売って親を助けたのでした。ですから警察にしても、周旋人が娘の親との間に法外な取引をしてはいないか、娘さんの年齢にごまかしがないか、その家庭が実際に娘さんの助けを必要としているかどうかなど、娘さんの安全について、当時としてできる限りの監視をしていたと、聞いています。

たとえば、周旋人が娘さんを吉原に連れてくるときには、親の承諾書、戸籍抄本、身を売る理由を述べた書類、この三つを揃えて貸座敷《かしざしき》（遊女屋）に出さなければならないようになっていました。娘さんに親がいない場合は、兄弟がその代理をするということができず、親の親——祖父母の判のあるものでなければなりませんでした。

一方、貸座敷の主《あるじ》が娘さんを見て、この娘《こ》ならうちでほしい、ということになりますと、周旋人が持ってきた書類が果たして間違いのないものかどうかを地元の警察に照会しました。

地元の警察では、照会があると、実家に行って事情を確かめ、間違いがないとなると、それを証明する書類を貸座敷に送ったものです。

それだけの書類上の手続きを終えてから、本人は吉原病院（現都立台東病院）で健康診断を受け、写真をつけた許可願に、親の承諾書、戸籍抄本、理由書、健康診断書を添えて、日本堤《にほんつつみ》警察署に届け、その許可が下りてはじめて花魁になることができたのでした。

ですから、娼妓とはいっても吉原は国の管理と保護が行き届いていますので、吉原なら、というので娘さんを手放した親もいたというふうに聞いております。

このときの娘さんの年季は、四年から八年が普通で——まもなく四年になり、親からの延長依頼があれば二年が加わるというふうになりました——、四年間三百円とか、八年間六百円といった金額を親に貸すという形で支払われました。お米の値段はこのとき、一升二十五銭ぐらいでしたが、周旋人は、親と貸座敷の双方から一割ずつの手数料を取っていました。

そのころのことですが、山形県下で、二千人あまりの娘さんが娼妓になり、年ごろの娘さんが村から消えるという、今ではとても考えられないようなことが実際に起こったんですよ。

人口九万四千人のその地方は、百五十万平方里という広い面積の約八割五分が国有地で、村の人たちはそれを国から借りて生活していました。ところがいきなり、一反につき田地三百円、畑地百五十円、山林三十円の価格で希望者に払い下げるが、払い下げを受けない場合は国がこれを没収する、というおふれが出たんですね。それだけのお金をもっている農家は一軒もないし、また、救済制度もないこの村では、それは生きるか死ぬかの問題でした。なんとかお金を工面して払い下げを受けないことには生きていけませんので、娘さんたちが村の土地を守るための犠牲になったというわけでした。

光代さんが花魁《おいらん》だったころ

もう五年ぐらい前のことになりますが、昔、中見世《ちゅうみせ》で花魁をしていた、光代さんという人が訪ねてきたことがあります。貸座敷のご主人だった人が病気で入院しているというのを聞いて、はるばる仙台から東京の病院まで見舞いにきたところが、松葉屋が〝花魁ショー〟でがんばっているというのを聞いて、懐かしさのあまり、昔の吉原まで足を運んだというのです。

私は、光代さんとは、それほど面識があったわけではありませんが、〝花魁ショー〟をやっていると聞いて、わざわざ訪ねてくれたのがうれしくて、その日は時間の許す限り、思い出話をして楽しみました。

光代さんは年季があけて、故郷の山形へ一旦帰り、その後、仙台の旅館で仲居さんをしていました。そのとき、たまたま仕事に来ていた畳屋さんに働きぶりを見込まれ、結婚したのでした。今は、昔とは比べられないくらいに、いい暮らしをしているということでしたが、昔のことがときどき思い出され、若いときには忘れてしまいたいと思っていたことが、年をとるにつれて、誰かに話してしまいたいという気持ちに変わってきたといって、次から次へと昔の話をしてくれました。

それが、三年ほど前に、光代さんが肺炎で亡くなったことを、ご主人から知らされ、しばらくの間、光代さんのことが頭から離れませんでした。私も、こうして吉原のことをお話しすることになり、この機会に、光代さんから聞いた話を、お話ししてもいいのではないかと、思うようになったのでございます。

〈わたしが山形から吉原に来たのは、昭和五年、十五のときでした。お国の〝決まり〟で、十八にならないと花魁に出てはならないことになっていましたので、中見世の下新《したしん》と呼ばれる下働きにさせてもらいました。

そのころ、父は秋田で猟師をしてたんですけど、働き者じゃなくて、いやいや働いているからでしょうか、山でよく怪我《けが》をしていました。母も父に負けず劣らずの怠け者で、兄弟六人がこざっぱりした服装《みなり》をしている、という日が一日もありませんでした。なにしろものすごい貧乏で、畳なんて吉原に来てはじめて見ましたし、綿の入った布団に寝たのもはじめてでした。

吉原にくるようになったのは、父が山で大怪我をして働きに出られなくなり、周旋屋さんに来てもらって、口入れを頼んだからでした。あのころ、東北地方には身売りをする娘がたくさんいましたから、周旋屋はよく村に来て、娘のいる家の周りを、ぶらぶらしていたものです。それで父も周旋屋さんのことを知っていたのでした。

十五じゃ駄目だといって、周旋屋さんに一度断られたんですけど、よほど見かねたのか、貸座敷のご主人さんに話してくれ、早速、吉原からご内所《ないしょ》（貸座敷の女主人のこと）がうちへ訪ねてきました。それで、十八になるまでは見世の手伝いをさせ、十八になったら花魁にする、ということで前借金の半分だけ父が受け取り、あとの半分は十八になったときに借りることになりました。

十八になったとたんに、花魁として見世に出ることになりました。下働きのときが三年もあって、貸座敷の様子はいくらかわかっているつもりでしたが、初見世のときは、やはり驚くことばかりでした。見ているようでも、肝腎《かんじん》のところは、やはりわかってないものなんですね。

営業許可をもらうために、周旋屋が山形の家と見世を往復し、ご内所も動いてくれたりして営業許可願の書類を揃えたんですけど、その中に身体検査表ってのがありまして、あれがいやでした。病院へ行くと、台の上にのせられ、なんでも、〝通り〟をよくするためということで、身体の中に細いメスのようなものを入れられるんです。吉原病院は性病にかかってないかどうかを検査する病院だとは知っていましたが、お客をとったこともない者にいきなりそんなことをするなんて、思ってもみなかったんです。そのあと、今度はガンキを入れて――そう、あのアヒルの口のような器具――、あれをやはり身体の中に入れて検査されるんです。異状がないということで健康診断書ができあがるんですけど、貸座敷に働いていながら、もう、びっくりしてしまって、姐《ねえ》さんたちが話していることや、していることが、何かこう、いっぺんにわかってしまったような気がしました。

吉原病院にはそれから年季があけて吉原を出るまで、ずっと厄介になりました。見世は角町《すみちょう》だったから、あれは水曜日だったかしら。とにかく、一週間のうち、何曜日がどの町の検査というように決まっていましたから、その日になると見世のみんなと一緒に出かけました。私には夏世さんという元看護婦をしていた仲よしの朋輩《ほうばい》がいて、病気のことは夏世さんによく聞いていたし、おばさんも病院に行く前にガンキを入れて、病気になっていないかどうか身体を調べてくれるなどしていましたが、やはり検査が終わるまでは心配でした。検査の結果が無事だったときは、「ありがとうございました」とその度に、神棚を拝みました。だって病気がみつかると、その場ですぐ入院させられて、治るまで見世に帰ることができませんでしょう。治療代も借金になってしまうし……。

そうそう、初見世に出る前に、写真を撮られるんですけど、その写真があんまり美人に写ってるもので、あれにもびっくりしたものです。姐さんたちの写真が実物とちがうのはわかってましたけど、勝山髷《かつやままげ》に結い、首筋から顔へとご内所に真っ白に塗ってもらったわたしが、こんなにきれいに写るのかと、とても信じられませんでした。だって、目元が涼しく、唇がぽってりしていて、額の生え際が絵に描いたようにきれいなんですものね。

額に入った写真は、見世を入った突き当りの写真場に朋輩のと一緒に飾られ、そのわきに、奉書紙に「初見世」と筆で書かれたのが下がってるんです。なんだか、とても気恥ずかしいものでした。そして妓夫太郎《ぎゆうたろう》(貸座敷の客引き。牛太郎とも書く)さんが妓夫台《ぎゆうだい》の前に座って、見世の前を行く男の人に「旦那、初見世の妓《こ》がいますよ」と調子のいい声で呼び込みをしてるんです。「今日が初日の、正真正銘の初見世。うぶな妓なんで、旦那のような立派なお人でないと、ねえ、旦那、一つ面倒みてやってくださいよ」なんて言ったり……。

初見世のときには、番頭さんがお客さんにご祝儀を出させていました。なんだかお客さんに悪いような気がしましたけど、でも、おばさんや下新さんにもご祝儀が配られるので、それだけはうれしかったですね。

見世に出る前には、おばさんにいろいろなことを教えられました。おばさんが言いますには、花魁にとって一番大事なことは、客には絶対惚れないことなのだそうです。

そのかわり、客には惚れてもらうこと。いや、惚れてもらうようにすることですね。とくに床惚《とこぼ》れってのは大事だから、お床上手になって、お馴染《なじ》みさんをたくさんつくって、うんと稼ぐようにしなくちゃいけないよ。お客に惚れちゃいけないのと同様に、お客と一緒にいい気分になってはいけない。いちいちいい気分になっていては身体がひとたまりもないし、あとの始末ができなくなる。

見世では、衛生具を使うことになっていましたが、それをいやがるお客もあって、あとの始末をしないうちに眠ってしまうと、子どもができるようなことになったり、病気をもらったりすることがあるから、どんなときにも素早くあと始末をする、とまあそんなようなことでしたかしら。もちろん、実技もおばさんからこと細かに教わりました。

それから、おばさんが台所で煮ていたふのりを、あの場所に塗ることも教わりました。実は、大勢のお客さんをとると、体が疲れちゃってどうしようもなくなるんです。それで、お客さんに気があるようにみせるために、よく、ふのりを使ったんです。

ふのりを煮るのは、おばさんの役目でした。ふのりを煮るぐらいわたしだってできるのに、と思ったことがありましたが、実際に身体につけてみて、おばさんが自分で煮ていた理由《わけ》がわかったんですよ。だって、かたすぎればくっついちゃうし、やわらかすぎると流れちゃうでしょう。身体に合う、ちょうどよいかたさに煮るってのが、やっぱし、馴《な》れてないとなかなかできないんですよね。

でも、身体は清潔にしなければいけない、といつもいわれてました。商売道具ですからね。

それから子どもをつくったら花魁の恥だっていわれるんです。だから念を入れて洗浄しました。でも、たまに子どもを産む花魁もいました。わたしは一度だけ見たことがあるんです。花魁が赤ちゃんにおしっこをさせているのを。赤ちゃんはしばらくして、貰われていったらしいですけど。そういう世話を仕事にしている人もいたとか聞いたことがあります。生まれた子どもを手放すなんて、どんなにか辛かったことでしょうね。

足のことなんかも喧《やかま》しくいわれました。お風呂に入ったら、手より足のほうをきれいに洗いなさい、って。踝《くるぶし》、踵《かかと》、指、床の上では足も身体と一緒にお客に見られているものなのですね。

とにかく、みんなは毎日お風呂に入って、よく身体を洗ってましたから、花魁の身体ぐらい清潔なものはないといわれるのはいいとして、みんな、体臭がなくなっちゃうんです。ですから、お客さんに映画だのごはんだのといって外に連れてってもらいますと、すれちがう女の人から、ぷうんと甘ずっぱい臭いがしたりして、なにかへんな感じがしたものでした。

それから、お客を一番喜ばせる言葉は「寒い」ということ。「寒いからあっためて」と言ってお客のそばに入っていくんです。

初見世の札《ふだ》は半月ぐらいかかっていたでしょうか。はじめは、なんで世の中にこんな商売があるのかと情けなくって……。それに、親からもらった身体を粗末にしているような気がして辛かったのですが、初見世の札が外されるころには、くよくよしたって始まらない、こうなっちゃったんだから、このまま年季あけまで頑張って、どうせ花魁になったのならいい花魁になろう、と思いました。病院で身体の中にメスを入れられたときから、身体のほうでは、もう、その覚悟でいたのかもしれませんし、三年間下働きしていたのが、ようやく姐さんたちの仲間入りができるようになった、という気持ちがあったのかもしれません。

朋輩で今も思い出すのは、夏世さんですね。夏世さんは吉原にくる前は病院の看護婦さんだったそうですけど、なんでも患者だったラシャ屋の若旦那と仲よくなって、二人で末を誓ったのに、その若旦那が大きな旅館の娘さんとさっさと結婚しちゃって、ヤケをおこしたんだそうですけど、とてもヤケをおこす人には見えなかったんですけどね。看護婦をしていた人だけあって、することが几帳面で、身の周りがいつもこぎれいで、針箱なぞわたしとちがって、気分がすっきりするくらい、きれいに片付いていました。アルコールを浸した綿の入ってる、消毒器といいましたかしら、金製《かね》の小箱をいつも持っていて、わたしにも一個くれたりなんかして。

おばさんはいくつだったのか、顔の皺《しわ》がすごくって、はじめはとても怖かったんですよね。あれは昔、花魁をしてたときに白粉《おしろい》をたくさんつけて、あとの肌の手入れが悪かったからだといって、夏世さんは今でいうパックでしょうか、胡瓜《きゅうり》の輪切りを顔に貼りつけたり、蜜柑《みかん》の皮で顔をこすることなんか教えてくれました〉

なんでも、夏世さんという花魁は、器量は十人並みといったところだったのに頭がよくて、心のサービスがよかったのでしょうか、十人以上のお客のつく日がしょっちゅうだったそうで、お客のほうでは、順番がくるまでおとなしく待っていたのだそうです。

〈でも、夏世さんはりこうな人なのに、アナーキストとかの、目の吊り上がった変に陰気くさい男に入れ上げちゃって、男は胸を悪くして死んじゃうし、夏世さんは借金のために満州のお女郎屋さんに店をかえて、それっきし行《ゆ》き方《がた》知れずなんですよ。男運が悪いというのか客運が悪いというのか、そうじゃなくって、夏世さん自身がいけないんですよね。頭がいい人だというのに。

お客といえば、そりゃ、いろいろでしたよ。しつこいお客、疲れてんだろ、眠っていいよ、なんてわたしの眠るところをじっと見ていてくれたお客、身の上話を聞きたがるお客もいましたよね。それも一人や二人でなく……。

わたしもこれで身の上話が結構好きで、お父さんが猟師で、兄弟がたくさんいて、なんて話しはじめるんですけど、そのうち、母親が継母《ままはは》になったり、となりの村に初恋の男がいて……、なんてふうに話の筋が曲がっていっちゃって、話しているうちにそちらのほうがほんとうの境遇みたいに思えてきたものです。しかも同じ人に、日が替わるとぜんぜんちがう身の上話をしてるんですけど、お客は一生けんめい聞いてくれるんですよね。やっぱり、優しい人なのでしょうか。

惚れたくなるようなお客も随分いましたけど、惚れないように頑張りました。年季あけには借金をきちんと返して、きれいに出たかったですからね。でも、惚れはしませんでしたけれど、お客はみんなわたしらに弱いところを見せているんですもの、こちらもだんだんに大人になっていくほど、お客がいとおしくもなってくるというもの。見るからにばっちい人に案の定《じょう》、虱《しらみ》をうつされたり、疥癬《かいせん》うつされたりしたこともよくありましたけど、見た目にいかにも立派そうな人が、子どもよりも他愛なくなっちゃうと、かえって気の毒になったりしましてね。そうなんですよ、そのころの男の人というのは、外見はとても立派そうにしていらっしゃいましたから。もうすぐわたしも七十ですけど、この年になっても、この世は男と女しきゃいない、って何かにつけて思うんですよ〉

光代さんは、七十歳を迎えることなく、亡くなりましたが、私は花魁が長生きしたという話をあまり聞いたことがありません。それから、当然なことかもしれませんが、結婚しても子どもが生まれたという話もあまりないようです。

吉原の仕組み

吉原の三業《さんぎょう》の仕組みについては、前にも少しお話ししましたが、三業のことについて、ここでもう一度説明させていただくことにしましょう。

三業組織と申しますのは、貸座敷《かしざしき》、引手茶屋《ひきてぢゃや》、芸者屋の三つの業種のことで、この三つの業種に分かれていることによって、また、別の見方をすれば、この三つの業種が一つになっていることで、吉原遊廓の中に格式が生まれていたともいえるように思います。

その中の引手茶屋というのは、大見世《おおみせ》に向かうお客を迎え、芸者、幇間《ほうかん》を呼んでお客をもてなし、そのあとでお客を大見世に送るのが仕事でございました。

貸座敷は、いわゆる遊女屋のことで、六、七人から三十人ぐらいの花魁《おいらん》をかかえ、お客を迎えていましたが、この中には、大見世、中見世《ちゅうみせ》、小見世《こみせ》の等級がありました。

芸者、幇間の仕事場は引手茶屋でございました。ここでお客に得意の芸を見せ、〝修羅場〟といわれるお客との言葉のやりとりもし、大見世に行く前のお客を楽しませました。

引手茶屋、貸座敷、芸者は、このように仕事の内容がまるっきりちがっていましたけれど、その一つが欠けても〝吉原〟ではなくなるということで、それぞれの区分を守りながらもつながりをもっていました。

また、三つの業種にはそれぞれ組合がありまして、引手茶屋は「新吉原引手茶屋組合」、貸座敷は「新吉原貸座敷組合」、芸者、幇間は「新吉原芸妓組合」で、さらにこれをまとめるものとして「新吉原三業取締事務所」――私たちは三業組合事務所といっていました――が、ありました。

そして、引手茶屋組合の事務所は会所《かいしょ》に、芸妓組合の事務所は見番《けんばん》に、貸座敷組合の事務所は三業組合事務所の中にありました。

この三業組合事務所の一番の親方を〝取締り〟といっていましたが、〝取締り〟の下には二人の〝副取締り〟、あとは会計、町役がその仕事をしておりました。三業組合は、三業の利益を守ったり、会計業務もしていましたが、警視総監によって与えられている権限がありまして、遊廓の中の全責任を負わされていたのでした。ですから、遊廓の中で何かよくないことをする人がいると、取締りがこれを追放することができました。それくらいきびしいところだったのですが、なんでも、この組織があるのは、日本の中で、東京の吉原と、福島の白河遊廓だけだったそうでございます。

そのころの貸座敷にはとてもきびしいところがありまして、花魁の稼ぎは毎日きちんと記載されるだけでなく、月一回集計され、組合の立ち会いのもとで、花魁一人一人に、この月はこれだけ働いたから、借金の残りは、あといくらある、というふうに報告していたんです。

毎日毎日毛筆でつけていくものですから、たちまち帳簿がいっぱいになって、見世では、この帳簿をつゞらに入れて保管していたものでした。

それから、引手茶屋と大見世の関係なんですけど、大見世の花魁の水揚料は、それ以外の飲食代などのかかりと一緒に引手茶屋の帳簿に記入され、引手茶屋から大見世に支払われます。また、大見世のお客は引手茶屋を通して登楼する仕組みになっていましたので、大見世のお客というのは、登楼するご本人ではなく、むしろ引手茶屋だったということができるのでした。

仕組みの話から少しそれますが、普通、街づくりというのは東西南北の方位にしたがって青写真が作られ、そのとおりにできあがっていくのですが、地図をごらんになるとおわかりになりますように、吉原遊廓は斜《はす》に造られています。これは、遊廓として寝る部屋のことが考えられているからなんです。寝るのに、北枕を嫌いますでしょう。どこにも真北に向かった部屋ができないよう、方位学によってできているんです。このようなところが、吉原という街づくりの面白さだと思うのですよ。

貸座敷《かしざしき》と花魁《おいらん》たち

光代さんのような娘さんたちが周旋人によって連れてこられるところは貸座敷ですが、吉原の貸座敷は、これまでもお話ししましたように、大見世《おおみせ》、中見世《ちゅうみせ》、小見世《こみせ》に分かれていました。その中の大見世は引手茶屋《ひきてぢゃや》と一緒にお話しすることにして、まず、お客さまの一番多かった、中見世、小見世のお話から始めましょう。

張見世《はりみせ》があったころ、吉原には、登楼する客の何倍もの素見《ひやかし》の客があったといいますが、張見世がなくなってからも、素見の客は随分いたということです。大門を入り、仲之町《なかのちょう》通りの植木柵を眺めたあと、通りから通りへ、露地から露地へと、不夜城といわれた廓の中を、友だち同士、この見世は高いとか、この見世はいい妓《こ》がいるとか、好き放題を言いながらぶらぶら歩きするのは、男の人にとってなかなかいいものだったのかもしれませんね。

そんな客を見世に上げてしまうのが妓夫太郎《ぎゆうたろう》の腕で、「お兄さん、いい妓が待っていますよ。素通りって手はないじゃないですか」なんて相手の気持ちをそそるようなことを言いながら、見世の客にしてしまうのでした。

中見世の中でも格のある通り見世（横町見世に対し、表通りに面した見世）ですと、一晩「二円」とか「一円五十銭」と、板に金額を書いた札を妓夫太郎が持っていて、通りがかりの人にぱっと見せ、ぱっと引っ込めるんですね。その気合いがまことに見事で、お客もつい、つられてしまって、それに合わせるように、ぱっと見世に足が向いてしまうということがあったのだそうです。

見世に入りますと、正面に写真場があって、ショーケースのガラスの中に、花魁の上半身を写した写真が、見世の花魁の数だけ並べてあります。その中から、お客は好みの花魁を選ぶようになっていたんです。

それを〝写真見世〟といいましたが、写真のことでは、ときどきお客と妓夫太郎との間に悶着《もんちゃく》がおきました。というのは、そのころ吉原に加藤さんという、腕のいい写真師がいまして、花魁の写真を大層上手に撮るんですよね。そのうえ、修整がうまいものですから、花魁がみんなとびきりの美人になっちゃいまして、奥から出てきた花魁をみると、写真とは随分ちがうものですから、お客のほうで、これでは人がちがうといって怒ったんだそうです。

妓夫太郎との間で話の決まったお客は、二階に上がって〝ひきつけの間〟（控室）に入り、ここでおばさんと花魁に会い、玉代《ぎょくだい》についておばさんとまた交渉をします。値段が決まると、お金をおばさんに渡し、それから花魁と一緒に部屋に上がるのでした。

中見世、小見世の本部屋は、お客をとる部屋のことで、四畳半、三畳、二畳などと狭い部屋でした。それに三畳や二畳に入るお客は一人でしたが、四畳半や、ときには三畳でも、屛風《びょうぶ》やついたてで仕切って、二組、三組が同時に使ったということを聞いています。信じられない方があるかもしれませんけど、当時はそれが平気で、というよりは、そのほうが刺激になるといって、〝割り部屋〟を楽しみに登楼するお客も結構いたんですよ。

そこに敷く布団がまた、値段によって上、中、下、とありまして、おばさんにたくさん払ったお客には、中どん（下働きする男の人）が絹布団を、安い客には木綿の布団を敷くという具合で、お客のほうで今日はうまく値切ってやったと思っていても、やはりお金を出したら出しただけのことはあったのです。

見世に七、八人から十数人いる花魁は、一晩に複数の客を迎えるのが普通で、これを〝まわしをとる〟といっていました。ですから、写真を見て花魁を選んでも、その花魁がすぐ相手をしてくれるというわけではなくて、順番がくるのを待っていなければならないことがありました。

お客の中には、この〝まわし〟をとられることに〝粋《いき》〟を感じる人があったといいますから、あの割り部屋と同様、昔の人の楽しみはなかなか手が込んでいたのですね。

こんな話をしてくれた人がいます。

馴染《なじ》みの花魁が、ほかのお客の相手をしている間、寝て待っているのだそうです。〝待っているのに待たないふりして〟ですね。そうすると廊下にぱたぱたと上草履《うわぞうり》の音がします。いよいよ番がまわってきたな、と内心わくわくしているくせに、わざと眠ったふりをしてるんですって。ところが草履の音は、部屋の前を通り過ぎて、別の部屋のほうに行ってしまう。がっかりやら口惜しいやらをじっとこらえながら、花魁が戸を開けてくれるのを待つ、そのときの楽しみにはこたえられないものがあった、というんですけど、ほんとうでしょうか。

でも「間夫《まぶ》は引けどき」って言葉もあったんです。馴染みの、花魁がお気に入りのお客は、ほかのお客を全部終えてから最後にゆっくりお相手を、というわけですから、待たされるお客はそれだけ果報だったということなのでしょうか。

このように、まわしをとるのが当たり前の花魁でしたが、朋輩《ほうばい》の馴染みに対してはきびしいけじめをもっていて、けっして自分の客にはしませんでした。お客のほうでもまた、馴染みの花魁がその見世にいるときは、別の花魁を指名するなんてことはありませんでした。どうしても別の花魁を買いたいときは、馴染みの花魁のいる見世ではない、別の見世に行ってもらうというふうに、馴染み同士の間には一夫一婦の決まりのようなものが、暗黙のうちにできあがっていたのでした。でも、花魁が月のものや病気のときには、馴染みのお客さんをよそへとられないように、代わりの花魁を、そのときだけ名代《みょうだい》として出していたようです。

見世では、花魁の好きなお客が来ているときは、ほかのお客さんにはわからないように、おばさんや下新さんが合図をして、教えてくれたんですって。

花魁が一人のお客を相手にする時間は、大体一時間ぐらいでした。時間になるとおばさんが部屋の外に立って「刻《とき》ですよ」と知らせました。このときにお客が「今、何時だい?」と時間をききますと、おばさんは「まだ、十一時ですよ」とか「まだ、十二時ですよ」とかいう言い方をして、けっして「もう、十二時ですよ」なんて言い方はしなかったものでした。

実は、おばさんが〝刻〟を知らせにまわったのは、次のお客さんの番がきているのを花魁に知らせるためなのですが、それともう一つは、お客が花魁をまき込んで無理心中を図《はか》るのを防ぐためでもあったということです。お客と二人だけで部屋に上がるんですから、危険なことがおこる心配がいつもあるわけで、おばさんはお客の様子をそれとなく見張っていたのですね。

ところで、〝遣手《やりて》〟と世にいわれる、貸座敷のおばさんたちは、冷酷無情なあくどい年増《としま》女、というイメージを世間からもたれているようですが、でも、その人たち自身、昔は花魁をしていたり、また、何かと世間の苦労を経て貸座敷に来た人たちですから、花魁に対してそうそう酷《ひど》いことができるわけがないと、その人たちを実際にこの目で見ていた私は思うのです。第一、おばさんの役目というのは、花魁の世話をすることが主なのですから……。

地方から連れてこられた娘さんに、恋愛のプロとしての客の接し方を教えたり、性のテクニックを教えたり、身体の始末について説明したり、洗濯、買い物を引き受け、花魁がお客から映画や食事の招待を受けると一緒について行く、というふうに、日中行動をともにしているんですから、情が移らないわけがないと思うんですよね。それに、おばさんがいつも花魁についているのは、もちろん逃亡やほかの遊廓への引き抜きなどに対する監視の目的もあるのですが、それだけではなく、世間に疎《うと》い花魁の手足になっていた、という面もあるというふうに聞いています。

ものにはなんであれ、表と裏の両面がありますでしょう。〝年季〟はたしかに拘束であり束縛ですけれど、花魁同士、それから見世のご内所《ないしょ》やおばさんと花魁の間に情が通うようになったのは〝年季〟という時間の積み重ねがあったせいではないかと思われてならないんです。四年間なら四年間、同じ場所にいて、同じ食べ物を食べ、お互いの身体の中まで知り合うようになってるんですから、普通なら情が通わないわけがありませんでしょう。

このごろの、ソープランドで働いている娘さんたちは、条件のいい店があるとさっさと移っちゃうとか、そうなると朋輩同士、仲よくなる間もありません。それに、〝年季〟という拘束は、娼婦が転売されることを防いでもいましたので、保護という側面もあったのでした。

〝年季〟があけたとなると、吉原の貸座敷では一日たりとも本人を働かすことができませんでした。昔ですと〝お札奉公〟というのが一年から二年あったそうですが、親が〝時貸し〟（臨時の借金）を願い出れば別ですが、そうでなければ、警察のほうも、どの見世のどの花魁がいつ年季あけであるかわかっていますので、見世のちょっとした手伝いさえ頼めなかったんです。

年季があけると、花魁は警察に廃業届を出し、自由の身になります。貸座敷では赤飯を炊き、尾頭つきの魚でこれを祝ったものです。

年季あけと同時に馴染みのお客と結婚する人も随分いました。相手は大工さんとか左官屋さんで、一緒にそば屋を始める、なんていう話も聞きましたが、花魁は貧しい家に育って小さいうちから苦労していましたし、見世にいても贅沢《ぜいたく》することがなく、辛抱がいいし、それに何より、所帯を持てたことがありがたくてならなかったから、一生けんめい旦那につくして、いい女房になったんだそうです。

また、年季があけないうちに身受けをされる花魁もなかにはいました。まだ借金として残っている分を、身受けする旦那が全部支払って、自由の身にしてくれます。このときには、身受けをしてくれる旦那さんが、番頭さんから、おばさん、下新、膳部の人など、見世で働いている人たちに、ご祝儀を包んで、お赤飯に尾頭つきの〝お披《ひ》露目《ろめ》〟の宴を張ったものでした。

花魁が、年季のあけないうちに、病気などで亡くなることもありました。昔は、花魁が死んだときには、夜中に遺体を浄閑寺《じょうかんじ》へ投げ込んだという話を聞いたことがありますが、昭和になってからは、貸座敷で密葬をし、親許へ知らせてお骨をひきとりに来てもらうようになっていたようです。

さて、貸座敷の一日ですけれど、貸座敷の一日は朝の八時から始まりました。

朝帰りのお客はこの時間に帰りますので、花魁はお客が顔を洗うのを手伝ったりし、身支度のできたお客を玄関まで送りに出ます。それから朝ごはんなのですが、〝直《なお》し〟（居つづけ）のお客があるときは、ここで勘定の区切りをつけ、〝台屋〟（仕出し屋）に電話をしてお客の朝ごはんを頼みます。しばらくすると、台屋さんが「へいっ、おかだまにしゃりこ」と言いながら、ごはんと香の物ののったお膳と味噌汁の入った鍋をとどけます。

江戸町《えどちょう》一丁目の大膳《だいぜん》さんや魚松さんが有名でしたけど、〝おかだま〟というのは、鉄鍋の木蓋《きぶた》の上に卵がのっかってるのをいい、〝しゃりこ〟の〝しゃり〟は、ごはん、〝こ〟は香の物、吉原ではいろんな符牒《ふちょう》が使われていましたが、〝おかだまにしゃりこ〟もその一つなんですね。

花魁たちの食事は、ごはんに味噌汁が見世から出されますが、海苔《のり》とか煮物などが食べたいというときには、お金を払って、おかず屋さんから買うんです。

〝直し〟のお客のない花魁は、食事がすむと掃除をし、もう一度やすみます。起きるのは二時から三時の間。お風呂に入ったり、髪結いさんに来てもらって髪を勝山髷に結い、ゆっくりとお化粧をしたあと、長襦袢《ながじゅばん》にかけを羽織って花魁の身支度をし、食事をすませて見世に出ます。

貸座敷の仕事始めには、昔のしきたりがそのころも引き継がれていまして、それはなかなかに威勢のいいものでした。

さあこれから仕事、というとき、見世では神棚を拝んだあと、〝見世付け〟といって縁起づけをするんです。七人なら七人、十人なら十人の花魁が勢揃いといった感じで見世先に並びますと、番頭が火打石を持ってそばに行き、一人一人に火打石を打つんです。ひととおり打ち終わると、いっせいに「お早く」と声をかけて見世に入ります。

そして玄関での〝下足打ち《げそう》〟なのですが、番頭はあらかじめ下駄箱のそばに揃えてある下足札《げそくふだ》を取り出し、まず、下足札に付いている麻縄を持ってそれを振るんです。下足札はちょうど将棋の駒の形をした、縦二十センチ横十センチぐらいのもので、それに長い縄がついてるんですけど、その縄を揃えて手に持ち、左から右のほうへびゅーん、びゅーんと振るんですね。そのあと、〝下足打ち〟をするのですが、下足札を柱に打つのが、ダーン、ダダダンダーン、と七五三の拍子でなんとも威勢がよく、いよいよ今日の幕開けだな、って感じなんですね。

打った下足札は、それを一番から順に並べ、お客が来た順番につけていきます。

貸座敷の縁起棚には、大神宮、稲荷大明神、木彫りの男性器が飾ってありまして、見世の主《あるじ》はその見世その見世に伝わる呪文《じゅもん》を唱えて商売繁昌を祈ります。とにかく廓というのは大変縁起をかつぐところですから、台帳も、その日の記入の始まる前には、必ず「先客万々来、大入叶《おおいりかのう》、めでたし」なんて三行ぐらい書いたものだそうです。その日が始まるたびに必ず書いて、それから玉代の記入をするのです。

それに台帳には、お客の名前をいちいち書くことになっていたんですよ。何か事件がおきたときには手がかりになることがありますので、事件があると警察が台帳を見にくるんです。でもお客もそこは適当なもので、「大方来太郎《おおかたくるだろう》」なんて書く人もいたそうです。

お客といえば、大体が、〝時間〟のお客でしたが、毎日通いつづけるお馴染みさんがいるかと思うと、よく、職人さんで貸座敷から仕事場に通う人もいました。「品川楼」のところへ来ていた河岸《かし》の人など、見世の中から、えびを何箱頼むなんて電話して、翌朝見世から河岸に行くということもあったようです。

　でも、なかには見世の中で無理心中をする迷惑至極なお客もなかったわけではありません。昭和のそのころは、よく〝猫いらず〟が使われたもので、花魁が口の中に押し込まれたりすることがあったんですね。抱きしめられ、首を締められるということもありましたので——これは江戸のころからよくあったことのようです——、ですから花魁は、お客に身体をとられないようにと、お腰に紐をつけなかったんです。お腰は紐で結ばず、布を腰に巻いたあと、布の先を胴のところにはさみ入れるようにしていました。帯もけっして結ばないで、やはり端《はし》の部分を帯の巻いたところにはさんでいました。こうしておくと、客に帯やお腰を摑《つか》まれ、ひっぱられても、くるくるとまわりながらほどいて逃げることができたのでした。

　でも番頭が目利《めき》きですと、これはどうも不吉な客だ、とぴーんとくるものがあったといいます。これを番頭の間では〝お履物《はきもの》〟といっていまして、危険だと思うお客には「駄目だよ、うちはお履物だよ」と下足番に知らせて、帰ってもらったのだそうです。

　でも、番頭の目も花魁の持病までは見抜けなかったようでございます。たとえば、地方から来た娘さんの中には、寝小便の癖のある娘とか、しゃく持ち、てんかんの娘が混じっていたものですが、楼主も番頭もそれだけはわからなかったそうなんです。

せっかく連れてこられても、持病持ちの花魁ではお客に迷惑をかけ、見世の名にも疵《きず》がつきますので、損をしてでも親を呼んで、親の承諾のもとに周旋人に〝すみかえ〟（ほかの遊廓に移ってもらうこと）をしてもらったのでした。見世ではそのようなときは、二割から三割、損をしましたが、見世の評判にはかえられなかったのです。

引手茶屋《ひきてぢゃや》と大見世《おおみせ》

引手茶屋は大見世に登楼するお客の接待をし、大見世まで送りとどけるところでしたから、芸者や幇間《ほうかん》のお座敷として大層賑《にぎ》やかではありましたが、でもそれは、中見世や小見世の活気とはまた別でございました。また大見世も、引手茶屋から送り込まれるお客を迎えていましたので、中見世や小見世にはない格調と鷹揚《おうよう》な雰囲気がありました。

それに引手茶屋では、一見《いちげん》の客（初めての客）をしないことになっていましたから、お客はすべてお得意さまで、新しくみえる方は、そのお得意さまがつれを紹介するという決まりになっていました。本人が何かの都合で来られないときは、自分は行けないけれども、今からこういう人が行くからよろしく頼む、という電話がかかります。引手茶屋では、そのご紹介のお客さまを丁重にお迎えし、大見世にお連れしました。

いわば、大見世に対するお客の責任は、引手茶屋が一切、引き受けていたということになりましょう。

ですからお客さまについては、引手茶屋は、どこのどんな人で、趣味、嗜好は何、誕生日は何日、身内の方の命日まで心得ていました。今日このごろの、お客のプライバシーには一切《いっ》触れない、たとえばホテルなどのサービスには現代らしいよさがありますが、昔からの私どもの方法を喜んでくださる方も結構いらっしゃいまして、私どもでは今も、お客さまの周りに心を配りながらご接待をさせていただいております。

そのころ、引手茶屋からお客さまを送っていた大見世は、大文字楼《だいもんじろう》、稲本楼《いなもとろう》、不二《ふじ》楼《ろう》、角海老楼《かどえびろう》の四軒でした。それは文字どおりの大見世でして、現在、吉原公園になっているところがかつての大文字楼の敷地ですから、約四百坪。角海老楼、不二楼、稲本楼もほぼ同じくらいの面積を持っていたのではないでしょうか。

引手茶屋といえば、平均して三、四室の部屋数で、小造りな床の間や違い棚、折りたたみをうまく利用した什器《じゅうき》類の収納など、狭い場所が無駄なく使えるようになっていた、実にこぢんまりした建物ですが、それに比べますと、大見世は部屋数も多く、建物も大造りでした。

三階ないし二階建ての大見世は、下が内所《ないしょ》（帳場）、台所、髪部屋《かんべや》（花魁たちの休憩

雪景に彩られた昭和初期京町一丁目角海老付近

所)、男部屋(男の雇人たちの部屋)、女部屋(女の雇人たちの部屋)、夜具部屋、浴室(お客用と見世用)、大広間、食堂、家族部屋。二階は、ひきつけ部屋、遣手《やりて》部屋、花魁《おいらん》の本部屋、まわし部屋。三階も本部屋とまわし部屋という規模でございました。

見世に入りますと、正面、内所の後ろ壁に、花魁の名札が、その見世によって、二十から三十、花魁の数だけ並んでいます。並び方は、前の月の成績の順序ですので、どの花魁がどれだけ働いたかが一目でわかるんです。見世で一番の売れっ妓《こ》を〝お職《しょく》〟といい、一番の売れっ妓になることを〝お職を張る〟といっていましたが、花魁たちはお職になるために一生けんめいでした。お職になった、と思っても、油断をするとたちまち追い越されるので、お職を張り通すのは大変だったのです。

さて、引手茶屋のお客が今から貸座敷に行こうということになりますと、引手茶屋では、「今、こういう方をお送りしますから」と貸座敷に連絡をします。お客には、稲本楼、大文字楼と、それぞれにお馴染みの見世がありますから、普通はそこに登楼するのですが、「たまに不二楼に行ってみたい」とおっしゃることもあります。そのときは不二楼に連絡しまして「今から何人さんが行きますが、花魁さん、あいてますか」ってききます。「まだ一時間ぐらいかかります」と言われたときには、それだけの時間、もう一度お茶屋で遊んでもらい、それからお送りするのでした。貸座敷にはお客が花魁と過ごす時間はあっても、広い部屋は一つしかないので、大体の時間つぶしは茶屋ですることになっていたのでした。

反対に、貸座敷のほうがあいてるのに、引手茶屋がふさがっているという場合もありまして、そのときには貸座敷にいきなりお客さまを送り、茶屋のほうからお酒を運びます。茶屋の名入りの〝白鳥《はくちょう》〟という、お酒がちょうど一升入る容《い》れ物があるのですが、それにお酒を入れて持って行くんです。お客さまが大勢のときは、二升入る徳利、それも〝白鳥〟というのですが、それをズンドウに持つのではなく、ちょっとしなをつけるふうに手を捻《ひね》って持ち、松葉屋の紋の入った提灯をつけてお送りするのでした。

お客に花魁を会わせるときは、このお客にはこの花魁が合うのではないかと、女将《おかみ》の裁量で決めたものでした。好みが合い、うまが合いますと、贔屓《ひいき》としてそれからも足を運んでもらえますから、女将の勘の働かせどころ、そして当たり外れはほとんどなかったようでした。

大切なお客さまをお連れしたというのに、招待なさった方が、引手茶屋だけで貸座敷まではお供できない、という場合もあります。このときには、引手茶屋では女将に代わって、古くからいる女中さんが主賓だけを貸座敷にお連れし、そこでお職の花魁を頼みます。

江戸時代から〝初会《しょかい》〟〝裏を返す〟〝馴染《なじ》み〟というしきたりが、大見世にはございました。〝初会〟といいますのは、お客さまが紹介者に連れてこられた初めての日のことで、この日お客は、芸者衆や幇間をあげて、花魁の本部屋で遊びますが、寝所まで入ることはなく、このまま帰ります。二度目を〝裏を返す〟といい、初会と同じことをして、そのまま帰ります。三度目ではじめて〝馴染み〟となって寝所に入ることができます。このしきたりは、昭和に入っても、守られていました。

花魁《おいらん》の部屋

大見世《おおみせ》の花魁の部屋は、本部屋と寝室に分かれていました。本部屋というのは、中《ちゅう》見世《みせ》の本部屋とはちがって、花魁が生活している個人の部屋のことで、本床がついていて、簞笥《たんす》、長火鉢、茶簞笥、鏡台などひととおりの所帯道具が揃っていました。お馴染みを重ねたお客は、そこで一ぱい飲んだりしてくつろぐわけなんです。ですからお客の居心地のよい部屋にするために、お馴染みの趣味に合わせた置物を置いたり、花を活《い》けたり、碁盤をそなえるなど、花魁は心を配っていたものでした。

花魁と遊ぶには時間の制限がなく、水揚料さえ払えばいつまでいたっていいわけですから、長くいてもらうためには、碁の好きな人には碁の相手をし、小唄の好きな人には三味線を弾くとか、それも花魁の働きの一つだったんですね。私の知っている花魁の中にも、琴、三味線はもちろんのこと、俳句や水墨画も上手で、英会話もできる、万能選手のような人が何人もいたものです。

子どものころ、私は花魁の部屋が大好きでした。いい匂いのする部屋に、歌舞伎役者を押絵にした大きな羽子板や、京人形、琴などが飾られていますでしょう。それに勝山髷に結った花魁が綺麗《きれい》で、うちへ帰るのも忘れていたものです。でも、お客のほうはさぞ、女の子がいつまでも帰らなくて、迷惑だったでしょうね。

子どもでさえ、そんなふうに帰りたがらなかったんですから、男の人たちが大変な散財をしてまで通ったのも、無理なかったんだなと思うんですよ。

大文字楼の花魁儀式

大文字楼は明治四十四年の吉原大火にも、大正十二年の関東大震災にも蔵が落ちなかったので、江戸時代のかけや櫛《くし》、笄《こうがい》がそのころ、まだ残っていました。

花魁儀式は昭和に入ってからはもう、行われていなかったのですが、外人さんがみえたときだけ、特別にお見せして、そのときに、江戸時代の櫛や簪《かんざし》などが使われました。私どもにはわかもとさんがお薬の関係でよくドイツの方を連れてみえましたので、大文字楼にご案内し、花魁儀式を見せてもらうことにしていました。

引き付けの儀式が始まる前、花魁は内所に行って、結い上げた髷にご内所の手で櫛、笄をさしてもらいます。ご内所は桐の箱から薄紙に包んだ櫛、笄を出し、一枚一枚、薄紙を開きます。べっこうの櫛や笄、銀製の簪はどこにもけばけばしさがなく、でもそれをつけると花魁の顔が一層、ぱあっとひきたちます。

それからかいかけを羽織って支度はできあがりなんですけど、かいかけは、金糸銀糸を織り込んだ西陣織で、きらびやかではないのにいかにも値打ちのありそうな、格調のあるもので、花魁の姿をそれは品よく、豪華に見せるのでした。

支度のできた花魁は、おばさんや下新を従え、ひきつけの間に向かいます。内所の前に廊下がありますが、そのつき当たりの一段高く框《かまち》のついた所がひきつけの間で、はじめてのお客は、そこで花魁と対面をするわけです。

花魁が来ますと、下新が「花魁さんがおみえになりました」と口上《こうじょう》をしますが、すると、お客を送ってきた芸者、幇間、引手茶屋の女将は下座に下がって、手をついて挨拶《あいさつ》をします。

それは、花魁はお客にとっての一夜の奥方ですから、お客さまの奥方に向かってご挨拶をしたことになるのですが、もう一つは、花魁さんのおかげで廓の中で働かせてもらっています、という、お礼の意味もあるのです。

花魁が席に着くと、〝吸いつけ煙草〟です。花魁が吸いつけた煙管《きせる》を、下新がお客のところに持っていって、吸ってもらうんです。お客が一服吸い終わると、「お召しかえ」と下新が言い、そこで花魁は内所に戻って笄と簪を抜いてもらい、着る物も儀式用から座敷着に替えます。

座敷着のかけは、春なら桜か牡丹、夏はあやめ、秋は菊か紅葉というふうに、四季折々の模様を染め上げた友禅《ゆうぜん》。着物は袖と胴とが無地か縞《しま》で、裾まわりと身八つ口、袖口がかけと映りのいい友禅、という胴抜き。帯は献上かしごきを解きやすいように前で結びます。その下の長襦袢《ながじばん》は緋縮緬《ひぢりめん》でした。

松葉屋では、戦後になって〝花魁ショー〟を始めることになりましたが、子どものころに見た大文字楼の花魁儀式が、随分、参考になったものでした。

吉原芸者

引手茶屋のお客は、貸座敷へ行く前に、芸者や幇間《ほうかん》をあげてお座敷の楽しみをしますが、なかには貸座敷へは行かずに、引手茶屋だけで帰るお客さまも随分いました。

その人たちは、貸座敷のことははじめから考えず、引手茶屋だけを目的にしていらっしゃる粋《いき》なお客さまたちでございました。それだけ、芸者や幇間の芸は深かったということでしょうか。なにしろ吉原の芸者は、その芸と意地とで昔からその名を知られていました。

昔といえば、もともと正式に芸者とよぶことができたのは、吉原の芸者に限られていました。昭和の初期には、柳橋、新橋、赤坂、日本橋、深川などの芸者衆は、吉原の芸者に一目おいて、吉原の芸者が白の半襟《はんえり》を使っていたので、色を少しかけた半襟にしていたものです。

よく、芸者衆が「わたしたちが芸を磨いてこられたのは、花魁さんたちのおかげよね」と言っていますが、私もそのとおりだと思うんです。吉原には花魁という、身体を売る人たちがいましたから、芸者は芸だけを売ればいいので、その分、厳しく芸を磨くことができたのでした。

芸がまだ一人前でないときは玉代が半分だというので、こういう人たちを半玉《はんぎょく》とよんでいましたが、この半玉が芸者として一人だちをするとき、お披露目《ひろめ》をします。そのときには必ず旦那がつくものと思ってる方があるかもしれませんが、吉原では自前なんです。水揚げをしないんですね。ですから、道具や着物、お披露目の費用は借金をして、自分で作ります。

〝褄《つま》をとる〟という言葉がありますでしょう。これは芸者や花魁の着物は裾が長く、ひきずるので、手で、着物の裾を引き上げて、ひきずらないようにして歩くことをいいますが〝右褄をとる〟のは、花嫁と寝所に行く花魁の着付。芸者は寝所とは縁がありませんから、それで〝左褄をとる〟というのでございます。

芸者衆のことを〝綺麗《きれい》どころ〟なんていいますけれど、実際は色香を売るのではなく、芸を売る人たちですから、お化粧も控えめ、服装なども花魁とちがって、地味でした。これは花魁をひきたてるためでもあったのです。「そのころの吉原芸者って、どんな感じだった?」って先日人さまからきかれましたが、「そうね、花魁が匂うような牡丹なら、芸者は、凛《りん》とした竹ね」とお答えしました。

芸者になる人は、芸者屋の娘さんとか養女、小さいころから芸者屋に住み込んでいるおかかえさんでしたが、どの人にも共通していえるのは、芸事が好きな人、ということです。

明治三十七年生まれ、八十二歳の今も現役として、つやのある芸を聴かせる一竜さんは、本所亀沢町の理髪店の娘さんでしたが、お父さんが三味線の嗜《たしな》みがあったこともあって、小さいころから三味線や踊りなど、芸事が大好きだったのだそうです。お母さんの仕立物を届けに行った先が吉原の芸者屋さんで、鼓《つづみ》や三味線の音を聞いているうち、すっかり吉原に憧れるようになったというわけ。けれども、お父さんが亡くなったばかりでお母さんが猛反対するのを、一人前になるまでは家に帰らないという約束で井筒屋のおかかえさんになったのでした。

一竜さんと同じ八十二歳になるせい子さんも、お母さんが若いころ芸者であった関係で、小さいころから芸事に親しみ、なるべくして芸者になったような人なんです。大正のころ、吉原の芸人の子どもたちに小学校卒業のお免状を出すために、堤南《ていなん》小学校というのが日本堤にあって、一年生から三年生までが一クラス、四年生から六年生までが一クラスというふうに複式授業を行っていました。六年生のせい子さんは、先生が四年生を教えているとき、その隙《すき》に「ひょうたんばかりが浮きものか、私の心も

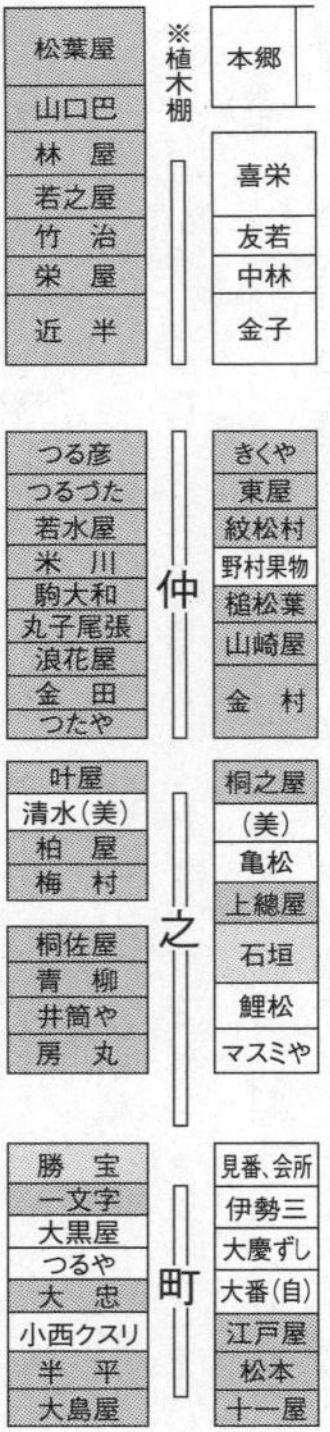

昭和十二年ごろの吉原遊郭図（左）と仲之町の引手茶屋（協力・荒井一鬼氏）

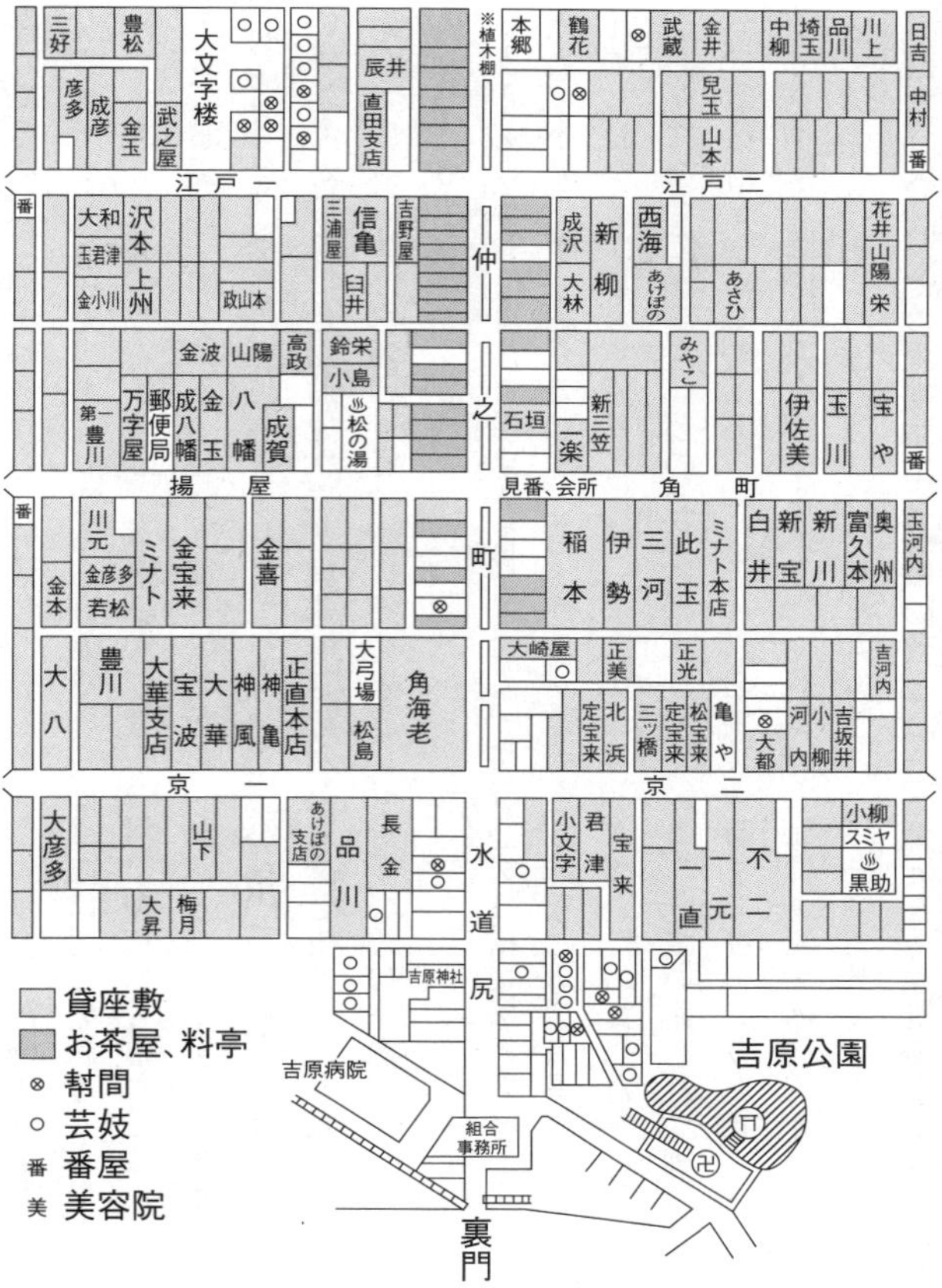

三好
豊松
大文字楼
彦多
成彦
金玉
武之屋
辰井
直田支店
※植木棚
本郷
鶴花
武蔵
金井
中柳
埼玉
品川
川上
日吉
中村
番
児玉
山本
江戸一
江戸二
番
大和
沢本
玉君津
上州
金小川
政山本
三浦屋
信亀
臼井
吉野屋
仲
成沢
新柳
大林
西海
あけぼの
あさひ
花井
山陽
栄
金波
山陽
高政
鈴栄
小島
松の湯
第一豊川
万字屋
郵便局
成八幡
金玉
八幡
成賀
之
石垣
一楽
新三笠
みやこ
伊佐美
玉川
宝や
番
揚屋
見番、会所
角町
番
川元
金彦多
若松
ミナト
金宝来
金喜
町
稲本
伊勢
三河
此玉
ミナト本店
白井
新宝
新川
富久本
奥州
玉河内
金本
大八
豊川
大華支店
宝波
大華
神風
神亀
正直本店
大弓場
松島
角海老
大崎屋
正美
正光
定宝来
北浜
三ツ橋
定宝来
松宝来
亀や
吉河内
大都
河内
小柳
吉坂井
京一
京二
大彦多
山下
大昇
梅月
あけぼの支店
品川
長金
水道尻
小文字
君津
宝来
一直
一元
不二
小柳
スミヤ
黒助
吉原神社
吉原病院
組合事務所
裏門
吉原公園
貸座敷
お茶屋、料亭
⊗ 幇間
○ 芸妓
番 番屋
美 美容院

浮いてきた」と拍子のとり方を練習しているというような、勉強よりも芸事の好きな女の子でした。卒業のお免状をもらうとその日のうちに、お免状を日本堤警察署に持っていきました。というのは、卒業証書に警察の判を押してもらってはじめて、半玉としてお座敷に出られる、という取り決めがあったからなんです。おまわりさんは、「おめでとう、よかったね。さあ、明日からお座敷に出ていいよ」と言いながら、せい子さんが持ってきたお免状に警察署の判をポンと押してくれました。いよいよ明日からお座敷に出られるというので、そのとき、せい子さんはうれしくてたまらなかったそうです。

芸事の試験は、先輩の芸者が試験官になって見番《けんばん》の二階で行われました。三味線、太鼓、小鼓、唄、踊りのほか、行儀作法、口のきき方などもテストされたもので、それにとおってはじめて芸者として一本になることができたのでした。

芸者になってからも、芸のお稽古《けいこ》はきびしく続けられていました。廓は朝が遅いので、お稽古を始めるのは十一時、それから午後三時までびっしりお稽古をします。吉原の見番にお師匠さんを迎えることもあれば、お師匠さんの所へ出かけることもありますが、とにかくお稽古は一日たりとも休むことはありませんでした。

芸者は大体、その土地土地で長唄の芸どころ、清元をきかせるところ、というふうに持ち芸がありますが、吉原の芸者衆はそれぞれに得意芸をもちながらも、義太夫、長唄、清元、常磐津《ときわず》、端唄《はうた》、地唄など、さわりのところができなければ恥だという気構えがあって、ひととおりのことを勉強していたものです。

これまでお話ししましたのは、いわゆる〝仲之町芸者〟ですが、吉原には〝六街《ろくがい》の芸者〟とよばれる人たちもいました。〝仲之町芸者〟と同じように、子どものころからみっちり芸を仕込まれて芸者になった人たちですが、仲之町芸者のお座敷が引手茶屋だったのに対し、六街の芸者は、吉原遊廓の中にある飲み屋、小料理屋、五十間町にある小料理屋、そして中見世、小見世などの貸座敷で、仲之町芸者と区別されていました。

仲之町芸者とよばれる人たちは、戦後四十人ぐらいいましたが、今は七人だけになってしまいました。一竜さん、せい子さん、それに明子さん、みな子さん、歌代さん、きんさん、ほう年さんですが、今もとても年齢には見えない若々しさで、松葉屋で燻《いぶし》銀の芸を披露し、古典芸能の伝承者として舞台やテレビに出演もしております。

吉原の幇間《ほうかん》芸

幇間（太鼓持ち）はそのころ、松廼家《まつのや》の家元である松廼家喜作さん、息子さんの喜代作さん、一平さん、真作さん、正二さん、與作《よさく》さん、與六さん、三平さん、緑平さん、喜多六さん、桜川の家元桜川三孝《さんこう》さん、忠七《ちゅうしち》さん、延三久《のぶさく》さん、華玉仙《かぎょくせん》さん、歌《うた》孝《こう》さん、元喜さん、竹七さん、丁志さん、延孝《のぶこう》さん、富本半平さんなどの二十数人が活躍していました。

芸者衆の芸に対するきびしさや誇りは大変なものでしたが、幇間が芸にもつ誇りやきびしさには、芸者以上のものがございました。プロの芸人として、芸者以上のものがなければ、男芸者としての立場が許さなかったんでしょうね。

一見、物知らず、ぼんやり者、おまけにおっちょこちょい、そのくせ頭の回転がびっくりするほど速く、崩れているようでいてビシッと締まっている、その正反対なものの微妙なバランスがなんともいえない可笑《おか》しみと色気をみせていたものでした。ですからそのへんのことを「太鼓持は、バカのメッキをした利口者でないとなれない職人」と言った人がいますが、そのとおりだと思うんです。

なにせ、お客が黒を白と言っても、「いえ、違います、黒です」なんてふうには言わないんですから、よほど、人の心の機微を摑《つか》んでないとできることじゃありません。ですから幇間は、どんな贅沢《ぜいたく》な遊びでも、お客のすることは、ほとんど熟知しておりました。今でこそゴルフは庶民の遊びになってますけど、戦前はそれこそ誰もがやれ

仁輪加を演ずる幇間（前列右・桜川延三久、左・松廼家喜久平。後列右・富本半平、左・松廼家喜代作）

るという遊びではありませんでした。でも幇間はちゃんと遊んでまして、お客がいい気分でゴルフの話を始めますと、「へえ、その球はどんなふうに穴に入れるんですか」なんて実にタイミングよくきくんですよね。

幇間はお客の素性、好み、性格など、大抵のことは初対面でのみ込むという、特別のカンをもっていました。で、とっさにその人の好む遊びを考え、話題とか遊びをそっちのほうにもっていく、まあ、コンピューターのような能力を備えていました。ですから、どんなに難しい顔をしたお客でも、ものの十分もあれば顔が変わっちゃったものです。

そんな幇間のことを「大臣とも乞食ともつきあえる男」と言う人がいましたが、でもそれは生まれつきの力なのではなく、芸者の修業同様、大変にきびしい修業を積んだ結果、身につけたものだったのです。

桜川忠七さんは『たいこもち』(朱雀社刊)という本の中で、きびしい修業のことに触れていらっしゃるんですけど、なんでも、最初は使い走りから掃除洗濯、子守りまでやらされるんだそうです。その間、することなすことの一つ一つを見ていた師匠が、これならいける、と思ったときにはじめて内弟子となることが許されたといいます。それから五年間の年季奉公が始まり、まず、座敷での行儀作法から仕込まれ、それが

上野の山のお花見。昭和10年頃の仲之町の幇間勢揃い

身についたところで芸事の修業になり、小唄、常磐津、踊り、三味線、鉦《かね》、太鼓などそのすべてをマスターしなければなりません。

ただ、幇間がお客に見せるのは、芸者衆の、いわゆる正統的な芸ではありませんで、当意即妙、その場その場の雰囲気に合わせ、お客の反応を見ながらそれからそれへともっていくものです。ですから、〝二重の芸〟とでもいうのでしょうか。よく〝当て振り〟を幇間は自分流にしましたが、これなど、ただ文句に合わせて身振り手振りをするのではなく、それがちゃんとした型をもち、踊りになっていたのですから、しっかりとした舞踊の基礎がなくてはできないことだったのですね。だから幇間のことを敬って、太夫衆といったりすることもあるんですよ。

幇間の芸の凄いところは、そのスケールの大きい芸を、たった畳《たたみ》半畳の広さでやってのけたことだと私は思うんです。松廼家露八さんは幇間の元祖で、幇間の替え唄、曲芸、物真似、手踊り、落としばなし、また、桜川忠七さんの獅子舞い、あやつり、富本半平さんの仁王様、喜久平さんの蝙蝠《こうもり》など、芸として底光りがしていて、いまだに芸者衆が思い出して話しています。

それから、竹七さんの京劇、與作さんの一寸法師、華玉仙さんの中国手品など、今でも眼の前に浮かんでまいります。

喜代作さんは吉原で最後の幇間で、昭和五十六年に亡くなられたんですけど、私どもの宴会の席にもたびたび出ていただき、喜代作さんのづぼら芸をたくさんのお客さまに楽しんでいただきました。喜代作さんの肌理《きめ》の細かな芸は、今でもお客さまの脳裡に焼きついていて、再び、このような芸の持ち主は現われないだろうと、語り草になっております。

世の中の移り変わりとともに、幇間の芸もただの昔話になってしまったのでしょうか。

粋な客の遊び

「吉原は寝にいくところ、寝ぬところ」という言葉がありましたが、貸座敷には行かずに引手茶屋だけを楽しみにみえるお客さまも、あれで随分いらっしゃいましたね。

鍋島侯爵、福沢さん（福沢諭吉のお孫さん）、山之内製薬の山之内さん、岩崎さんなど、幇間《ほうかん》の芸を心底愛していらした方たちで、岩崎さんなど、お母さんが、お茶屋に不義理をしてはいけないというので、いつも箪笥《たんす》の中にお金を用意していらしたということです。

辻本さんは、蜜豆《みつまめ》に使う寒天の商《あきな》いをする大きな問屋の社長さんでしたが、松葉屋のお客さまの中では、面白いことをなさる方でした。

茶屋遊びが好きで、一週間も居つづけをするものですから奥さんが心配して迎えにいらっしゃるんですよね。すると自動車の中に逃げ込んで「空車」の札を立て、その中で狸寝入りをしてるんです。

辻本さんは芸者よりもどちらかというと幇間が好きで、幇間三人に芸者一人、といった遊び方をなさいました。松廼家與平さんが特に贔屓《ひいき》で、與平さんはよく、帰りの車に同乗させられたものだそうです。でも、この同乗というのがなかなか大変で、途中、お葬式の家を見ると、辻本さんはそのまま素通りできないんです。與平さんの紋付を借り、與平さんには急いで香典袋を買いにやり、中にお札を入れて、でたらめな名前を書き入れます。そして親戚縁者の集まっているお通夜の席に入って行き、霊前に香典を置いて「このたびはまことにご愁傷さまのことで……」素早く故人の名前を見て――「何々様は……御生前まことに立派な方で……」と挨拶をし、ぼろの出ないころ合いをみて、さっと引き揚げるのですが、お葬式の家を見かけるたびにそれをするので、與平さんはいつもはらはらしていたんだそうです。

講談の大島伯鶴さんも幇間が好きで、よく、私どものところから高座に通っていらっしゃいました。ですから女学校に入ったばかりの私は、日蓮上人のお話など、たび

松葉屋の座敷。かっぽれを踊る幇間

芸者の踊り

客をもてなす花魁と芸者（外国人客向け葉書より）

たび大島伯鶴さんからお聞きしたものでした。

貸座敷に行くお客さまの中にも、花魁と遊んだあと、また引手茶屋に戻ってきて、居つづけをする人がいました。皆さん、会社の社長さんや大店《おおたな》の旦那で、居つづけをしていて仕事のほうは大丈夫だったのかしらって、今ごろになって思ったりしてるんですよ。

お客さまは昼食がすむと昼寝をして、その間によばれた芸者がお風呂に行くなど、今ではとても考えられないような、のんびりした茶屋遊びでした。

金村の加祢子さんなど、子どものころ、二階に上がっていくと、隣の茶屋の物干し台に、お客のおじさんが腰を下ろして、のんびり往来を見てるんだそうです。加祢子さんに気がつくと、にこにこして「お嬢ちゃん、お名前、なんていうの」なんて声をかけ、翌日、髪飾りのリボンや果物《くだもの》が届いたりして、とにかく居つづけのお客さまはゆったりしたものでございました。

茶屋への払い

今は何ごとにつけ気ぜわしく、普通、玉代《ぎょくだい》なども時間ごとに計算されるようになっているようでございますが、そのころの玉代の単位は半日が区切りになっていましたので、時間ごとに計算されるといった、そんなせかせかしたものではありませんでした。

ただ、花魁《おいらん》の水揚料だけは、時間で区切られていたのです。私は毎日学校から帰ると、水揚帳を持って、角海老さんとか大文字楼さんなどの大見世に持って行き、どの花魁が何時間、どなたのお相手をしたかを、内所《ないしょ》で書いてもらい、それを、仲之町通り、角町の角にある会所に持って行くのでした。

会所には引手茶屋の旦那方が交替で事務にあたっていまして、その日その日の、大見世の水揚料や、芸者、幇間の玉代、飲食費などを台帳に記入していました。

引手茶屋のお客さまは、皆さん、お馴染《なじ》みの方ばかりですので、支払いは半年勘定になっていました。一月から六月までの分をまとめて、十二月に払っていただくんです。

なかにはとどけてくださる方もありましたが、私どもでは父がいただきに上がっていました。

たまに、半年払いでなく、一月ごとに支払ってくださる方もありましたが、現金払いという例は全くございませんでした。というのは、現金払いというのは、信用がない、ということになるからだそうです。

金額は、私が憶《おぼ》えている範囲では、飲食代は別にして、貸座敷が二時から三時間で六円、一晩泊まると十二円だったと思います。芸者の玉代は五円六十銭で、そのうち一円六十銭を見番に納めていました。ですから貸座敷へ行ったお客さまは、花魁の水揚料と芸者の玉代に飲食費などが加算されるわけです。大学出の初任給が四十五円から五十円の時代に、一晩三十円から五十円かかり、しかも馴染みでたびたびみえたり、お仲間を連れてきてくださったのですから、まさにお大尽《だいじん》の遊びでございました。

引けどきの吉原

夜とともに賑わっていた貸座敷や引手茶屋にも、一日の終わりがきます。不夜城といわれた吉原も、十二時には刻《とき》を知らせることになっていました。

金棒引きが二人、会所を出て、頭のところに鈴のついた鉄棒で地面を突き、ちゃらこん、ちゃらこんと鳴らしながら、通りから通りへ、刻を告げて歩きます。この時間を〝中引《なかび》け〟といいまして、店の人たちは「ちゃらこんさんが来た」と言いながら大戸を引いたものです。この時間には廓中の非常門が閉められ、引手茶屋も大戸を閉めてよいことになっていました。

現在、松葉屋では、通りに面して門が造ってありますが、そのころの引手茶屋は門がなく、通りからすぐ店になっていました。大戸が通りに面していたわけですね。その大戸には小さいくぐり戸がついていますので、大戸は一応閉まりますものの、十二時過ぎのお客さまは、くぐり戸から入っていらっしゃいました。

十二時が〝中引け〟としますと、〝大引《おおび》け〟は二時、そのときには店の前のあんどんを片づけ、くぐり戸にも鍵をかけます。それでようやく、店の者は休んでいいということになるのでした。

ところが、そのあとになってトントンと表の戸を叩く人があるんですよね。二時過ぎのお客さまなんですけど、そうすると女中さんはすぐに起きて、お客さまを貸座敷までお送りしたんです。屋号の入った〝送り提灯〟を持って……。そんなことから、茶屋の女中さんのことを、〝おけし〟っていったんです。消し炭《ずみ》入れの蓋《ふた》を開けると、消えかかっていた消し炭が、またすぐに赤くなりますでしょう。そのことをいったんですよね。

なにしろ不夜城といわれた吉原のこと、貸座敷は一晩中起きていましたから、引手茶屋の女中さんはゆっくり寝ていられなかったのでした。

こうして昔の吉原を思い出しているうちに、もしかすると吉原は、たてまえで生きなければならなかった男の人たちに、夢を売るところだったのではないかしらと思えてきました。

君には忠、親には孝、夫婦相和し、兄弟は仲良く、というふうに教育勅語を地でいく〝たてまえ〟の生活を昔は求められていましたから、たとえば恋愛にとっぷりつかることは表向きの生活では叶えられず、それを男の人たちは廓の中で買っていたのではないでしょうかしら。

戦前の遊廓が、ただ〝性〟の売り買いだけではなく、それプラス何か、たとえば〝情〟といったもの、あるいは〝恋愛に似たもの〟があって、男の人たちはその〝何か〟にひかれて通っていたのではないか、そこが現在の風俗産業とちがうところだと思うのですが、どうでしょうか。

昔の吉原を知ってる方にお会いしますと、どなたも、「昔の花魁は優しかった」「情があった」「吉原には情緒があった」とおっしゃるんです。それがただの昔懐かしさにすぎない、とは私はどうしても思えないのですけれども……。

三章　戦時下に生きた吉原の女たち

非常時のかけ声の中で

このごろ、よく芸者衆が「今は十年なんてすぐ経《た》っちゃうけど、戦時中の十年は長かったわねえ」と話しています。

「そうねえ、なんだかいろいろなことがあって、わたしたちの暮らしが次から次へと変わっていったけど、でも数えてみれば、支那事変から戦争に敗《ま》けるまでは、十年ぐらいのことなのね」

「十年の間に吉原もすっかり変わっちゃったし、あのころの十年は、今の三十年ぶんもあるような気がするわ」

今はそれこそ、地球の上で何が行われているか、私たちはテレビの映像なんかでかなりのことまでわかりますが、周りのことをよく知らなかった昔のことを考えると、なんだか恐ろしくなってまいります。日本の代表、松岡洋右《ようすけ》氏が、国際連盟の会議で、アメリカや欧州の国々があまりに日本をないがしろにするというので席を蹴って退場したとき、私たちは松岡洋右氏を日本の面目を世界に示した英雄だとたたえて、横浜の小学生や女学生は港まで日の丸の旗を持って出迎えに行ったものです。東京駅から外務省までパレードがありましたので、沿道に近い小学生や女学生は、やはり日の丸の旗を振って「万歳、万歳」と出迎えたのでした。

この同じ昭和八年の十二月には、皇太子さまがお生れになって、サイレンが鳴り響き、旗行列や提灯行列をして、日本中が奉祝気分に沸《わ》きかえりました。昭和八年といえば、私が第一東京市立高等女学校（現在の都立深川高校）に入学した年ですけれど、東京音頭や神田小唄が流行《はや》ったりして、〝非常時〟という流行語が一方にあったというのに、大きな戦争が何年かあとにくるなんて、とても思えないほどのんびりした雰囲気がありました。

私たちの七、八年あとの人たちになると、学校の授業から英語の時間がなくなったそうですけど、私が女学校にいましたころは、英語の授業はなかなかきびしく、みんなよく勉強していました。ですから英語のできる人が多くて英語研究会もさかんでございました。

昭和十三年のことだったと思うのですが、卒業を前にして修学旅行で関西方面に行ったんですけど、横浜から神戸まで太洋丸という汽船でいったんですよ。その船に、上海まで行くアメリカ人の方が大勢乗っていらして、アメリカ映画『椿姫』を見せてもらいました。椿姫の役は、たしかグレタ・ガルボでした。外国の娼婦の話でしょう。とっても印象に残りました。

そのころだったと思うのですが、年季のあけた花魁《おいらん》が、お馴染《なじ》みさんと一緒に満州へ行くことになった、という話を聞きました。満州には、広い広い土地があるので、行って二人でお百姓を始めるのだということでした。

昭和十二年七月七日、日中戦争が始まりますと、世の中ははっきりと戦時体制に移り変わりました。〝国民精神総動員〟ということがいわれるようになり、〝贅沢《ぜいたく》をやめ、勤倹貯蓄を心がけ、勤労奉仕をするなど、前線の兵隊さんの苦労を忘れず、しっかり銃後を守るよう〟国からのお達しが出されたのでした。

学校では、週に一度、日の丸弁当の日が決められ、その日は梅干し以外のおかずは持っていってはいけないことになりました。街には日の丸の旗があちこちに掲げられるようになりましたし、デパートや大きい店には「武運長久」の垂れ幕が下げられました。「クリスマス大バーゲン」なんて垂れ幕がよく下がってますでしょう。あんな具合にして「武運長久」の幕が目抜き通りに下がっているんです。

そして街角には、千人針を通行の女性に頼む人の姿が見られるようになりました。晒木綿《さらしもめん》の布を、ちょうど兵隊さんの胴巻きになるくらいの丈《たけ》に切って、二つ折りにし、身体の当たる場所に、千個の丸い印をつけるのですが、筆の尻に朱肉をつけて布に押すと、結び玉をするのにちょうどよい目印になるのでした。その、千個の丸印のうちの一個に、一人の女の人が赤い木綿糸で結び玉を作るので、千人の女の人の手がかかり、ですから千人の女の人の思いがこもっているということになります。それをお腹《なか》に巻くと、弾丸《たま》除けになると信じられていました。また、〝死線を越える〟という縁起をかついで五銭玉を、〝苦戦を越える〟というので十銭玉を、赤い糸でくくりつけました。そんなことで、千人針は、兵隊さんへの、弾丸除けのお呪《まじな》いなのでした。

吉原には女の人がたくさんいるというので、よく千人針がまわってきました。女学校にもよくまわってきましたので、女学校、通学途中、それから吉原の廓の中をまわってきたぶんと、私も、随分たくさんの千人針をしたものです。

慰問袋もよく作りましたが、日清、日露の戦争を知っている明治生まれの養母《はは》は、兵隊さんをとても大事に思っていまして、慰問袋をしょっちゅう作っていました。

慰問袋も千人針同様、材料は晒木綿でした。これは、中身を取り出したあと、縁《ふち》を縫ってある糸を引きますと、手拭《てぬぐ》いとして使えるのです。中に入れるものは、乾パン、ドロップ、マッチ、鰹節《かつおぶし》、便箋《びんせん》、封筒、タオル、歯磨《はみが》き、石鹼《せっけん》、雑誌、鉛筆、慰問の手紙……、それと養母は武運長久のお守りを必ず入れていました。それを会所に持っていきますと、そこから軍に届けられ、前線に送られるのでした。

昭和十三年には、あの「とんとんとんからりと隣組」と歌われた〝隣組〟の制度が生まれました。日本には昔から〝向こう三軒両隣〟という言葉がありましたけど、その向こう三軒両隣が力を合わせて非常時を乗り切り、また、何か事がおこったときには共同で防衛するように、ということでできたのですね。やがて物資が欠乏するようになりますと、食糧や衣類などの生活物資の配給は、この隣組を通して行われるようになりました。

昭和十四年になると、次第に店先から物が姿を消していきました。いつでしたか、木綿が買えなくなるという噂《うわさ》が流れて、一時、綿製品を買いあさる人たちで呉服屋の店先が大混乱したことがあります。でもそれは噂だけでなく、木綿はテントや軍人の着衣などに使う軍需物資だというので、一般用には出まわらなくなってしまったのです。代わってステープル・ファイバー、スフといわれていた化学繊維が売られるようていになりましたが、今日このごろのものとちがって、すぐ皺《しわ》になるし、たらりとしていて、衣類らしい感じなんてちっともありませんでした。

昭和十五年の後半ごろから、マッチ、砂糖、味噌《みそ》、醤油《しょうゆ》、木炭が切符制になり、十六年にはお米が統制になって、一人一日二合三勺が割り当てられました。

最近の日本人は、米ばなれしているといわれていますでしょう。一日に三杯、なかには一日一杯のごはんしか食べない人もいるようですが、でもお米以外の食べ物をたくさん食べているからそれでも充分なので、エネルギー源のほとんどがお米であったそのころとしては、満腹感をもてるような分量じゃなかったんです。

はじめのころは「贅沢《ぜいたく》はやめましょう」といっていたスローガンが、いつのまにか「贅沢は敵だ」というふうに変わって、暮らしはいっそう窮屈になっていきました。パーマネントをかけたり、派手な服装をして街を歩こうものなら、たちまち〝愛国婦人会〟の襷《たすき》をかけた、白い割烹着《かっぽうぎ》姿のおばさんが寄ってきて「贅沢は敵だ、パーマネントはやめましょう」とか、「華美な服装はやめましょう」と書いたカードを手渡されたものでした。

松葉屋の周辺

話は戻りますが、昭和八年ごろ、大森か向島に店を出さないかという話を、お客さまの中でしてくださる方がありました。

軍需関係の工場をもっている方なんですけど、その方の工場が川崎に増設され、ほかにも軍需工場がいくつかできる予定になっているので、川崎はこれから軍需関係の街になっていくだろうから、大森はそうした工場地帯をひかえてこれから面白いように発展していくにちがいない、同じ商売をするなら吉原よりも新開地のほうが面白いのじゃないかって、おっしゃってくださったんです。

養母《はは》がその気になりかけていたところへ、今度は、江戸町一丁目の八幡屋さんから店を譲ってもいいという話が持ち込まれました。

八幡屋さんは、昔そこで白井権八《ごんぱち》と小紫《こむらさき》の出会いがあったというくらい古い暖簾《のれん》なのですが、一人娘さんが松屋デパートの呉服部につとめる方と結婚されるため、跡を継ぐ人がなくて、手放すことになったのでした。

古い暖簾の店と、新開地と、まるっきり正反対の話が同時に舞い込んだわけで、どちらを選んだらいいのか、さすがの養母も随分迷ったようでした。それで、店を継ぐのは私だからというので「どうしましょうかね」と言って相談してくれたのでした。

「それはお養母《かあ》さんの決めることだから、お養母さんのいいようにしたら――」

「もともと吉原で始めた仕事だし、やっぱり吉原がいいね」

ということで、八幡屋さんに譲ってもらうことになりました。当時のお金で五千円でした。そこに二千円をかけて総檜《ひのき》の家を建てましたが、二階に二十畳の部屋を造って、そこに五畳の舞台をつけたのが、養母のアイデアでした。芸者衆のお座敷芸をゆっくり見ていただこうという養母の考えだったのですが、おかげで大勢さんの宴会ができるようになって、貸座敷へは行かずに私どもで遊ぶだけのお客さまが増えました。二階は二十畳のほかに、六畳、八畳の部屋があって、それぞれの部屋から中庭が眺められるようになっていました。

階段は表梯子《おもてはしご》と裏梯子の二つあって、裏のほうに内玄関をつけ、女学校に入学した私のために四畳半の部屋を造ってくれました。一階は八畳、六畳、十畳、これは全部客室で、やはりどの部屋からも中庭が眺められるようになっていました。

このとき、私は女学校に入ったばかりでしたが、養母から、松葉屋の名義を一つ譲られたんですよ。当時は一人の名前で二軒の店を出すことができませんでしたので、養母は、八幡屋のほうを福田やえの名義にして、それまでの店の江戸町二丁目の松葉屋のほうを私の名義にしてくれたのでした。

私はもともと働くことが好きで、店の手伝いをするのも好きでしたから、店の名義をもらったのがもう、うれしくて、急に一人前になったような気になりました。

そのころ私がしていた店の手伝いというのは、水揚帳を持って貸座敷に行き、花魁の水揚料を記入してもらって、それを茶屋組合のある会所まで持って行くことと、お客さまがみえたら履物《はきもの》を揃え、部屋へ案内すること、お茶を出すこと、そのほか使い走りなどで、でもこういうのは、うんと小さいころからしていました。

「いつも真剣な顔をして、一生けんめい、仲之町通りを歩いていたじゃないの」とか、「お客さまのところへ出すお茶をいれるのに、長火鉢にかかってる鉄瓶をちっちゃい腕で、よいしょって持ち上げるんで、火傷《やけど》をしないかとはらはらしたものよ」って、今でも芸者衆にからかい半分に言われるんですけど、とにかく、働くことは好きでしたね。

それに第一東京市立高女というのが、あのころ普通だった良妻賢母型ではなく、喜んで働くことのできる、独立した心をもつ婦人を育てるというのが教育方針でした。校長の吉田先生は、京都一燈園の西田天香先生を崇拝していらして、ご自分から気軽に雑巾《ぞうきん》を持ってお掃除なさる、そんな先生だったんです。

今でも懐かしく思い出しますのは、一年生に入ったとき、上級生から制服を縫ってもらったことでございます。入学が始まりますと、三年生がスカートを、五年生が上着を縫ってくれるんです。市販のものではなく、上級生に縫ってもらった制服を身につけることで、いっそう、学校が好きになったものでした。

もちろん、三年生になると、私も新入生のスカートを、五年生のときには上着を縫いました。

働くといえば、養母がまた、働く姿の美しい人でした。髪を上のほうにふくらまして後ろで髷《まげ》を結う「ハイカラさん」にして、歯切れのよい江戸弁で如才なくお客さまの応対をしていますが、お客さまが部屋に落ち着かれると次はもうお燗《かん》の支度をしたり、次から次へと、細身の身体が、人の目ざわりにならないように、動いているのでした。

器用な人でしたから、桜のころ大見世《おおみせ》から贈られた花暖簾を風呂敷に縫ったり、そのころは着物をあつらえたときの端布《はぎれ》がたくさんありましたので、それを接《つ》ぎ合わせて座布団の側《がわ》にしたり、袋物を作ったり、手や身体を休ませていることのない人でした。

自分がそうして働いていながら、店で働く人や私の動きも目にとめていて、これを二階に持っていきなさい、あれをしなさい、これをしなさいという指図にも無理がなく、みんなが働きいいようにしてくれるのでした。

昭和四年のことでしたが、父に〝引手茶屋組合〟の組合長の役がまわってまいりました。山口巴《やまぐちともえ》の、今の市川子《ね》団次《だんじ》のおじいさんにあたる方が病気になられ、父のところにまわってきたのでした。

山口巴のご主人は威厳のある立派な方でしたが、父にはそのような威厳はありません。でも、昔、道楽者だっただけに肚《はら》がすわっているというのでしょうか、組合長ともなるとお金も使いますし、そんなことで父が組合長を引き受けることになったらしいんです。

そのことから、歌舞伎界とのご縁が深くなりました。

歌舞伎には、『助六《すけろく》』をはじめ『籠釣瓶《かごつるべ》』『三千歳《みちとせ》』など、吉原の世界を扱ったものがいくつもありますし、そうでなくても芝居には吉原のことがちょくちょく出てくるなど、吉原と歌舞伎界とは昔から切っても切れない縁がありました。それで、役者衆の襲名披露があると、引手茶屋に挨拶《あいさつ》をするというしきたりがあったのですが、その挨拶の荷が、まとめて組合長の家にとどくんです。

中身は名入りの手拭いとか扇子《せんす》ですが、それを芸者と幇間《ほうかん》が、引手茶屋を一軒ずつ、役者衆について挨拶の口上を言いながら、配って歩くんです。

今の歌右衛門さん（六代目）が児太郎さんから福助さんになるとか、今の仁左衛門さん（十三代目）が千代之助さんから我當《がとう》さんになるとか、名題《なだい》昇進（歌舞伎などで表看板に芸名をのせられる役者になること）の披露のときに松葉屋に荷が届いたことを憶《おぼ》えております。

もちろん、お座敷のほうへも役者衆はよくみえました。芸者衆や幇間の芸は、役者衆の芸の参考にもなり、お茶屋遊びは肥《こ》やしにもなったと言われています。それと、お客さまが贔屓《ひいき》の役者を連れてみえることがよくありましたし、まあ数からいえば、こちらのほうが多かったかもしれませんね。

昭和八年から九年にかけては、そんなふうに何かと仕事の多い年でしたので、養母は二軒の店を切り盛りするのが、だんだん身体にこたえてまいりました。いくら働き者の養母でも、そのころはもう五十歳を過ぎていましたし、店の二軒は負担だったようです。それに、しょっちゅう行ったり来たりしていたのでは、お客さまに迷惑でもあります。そんなことで、翌年、江戸町二丁目の松葉屋を松廼家與作《まつのやよさく》さんに譲りました。

與作さんは松葉屋に出入りしていた、松廼家を名のる幇間さんですが、お子さんが大きくなられて、このへんで引手茶屋でもできたら、と女将《おかみ》さんがそれとなく希望していらした矢先だったんです。

与作さんの店の名は「槌松葉《つちまつば》」でした。与作さんのお兄さんが芝の大門《だいもん》で「槌屋」という染物の店を出していらしたので、その「槌」と「松葉」を合わせたものですが、引手茶屋「槌松葉」は、戦争でいよいよ商売ができなくなる直前まで繁昌《はんじょう》していました。

兵隊さんと吉原

昔から軍隊と遊廓とは、切っても切れない縁があったといわれていますが、昭和十三年ごろから吉原には、休日になるのを待ちかねたように登楼する兵隊さんの姿が見られるようになりました。

日曜日になると、外出許可証を中隊長からもらった兵隊さんは、先を争うようにして吉原にやってきました。吉原にくるときには兵隊さんたちは、軍隊の中ではいつも巻いているゲートルを外《はず》していましたが、ゲートルを外すことのできるのは、軍隊生活から自由になれる、自分自身に戻れる、一番うれしいときだったのかもしれませんね。もっとも戦争が激しくなって、東京にもたびたびアメリカ軍の飛行機が侵入するようになると、私たちがモンペを離せなくなったと同様に、吉原にくる兵隊さんたちもゲートルを巻いているようになりましたが……。

軍服を着た兵隊さんのほかに、刈りたての頭をした、いかにも入隊間近という感じの若い男の人が、父親らしい人と連れだって貸座敷に入るのを見たこともあります。息子に召集令状が来て、何がかわいそうだといって、若い男が女を知らないまま戦死してしまうことほどかわいそうなことはない。だから軍隊に入る前に吉原に連れて行って、花魁《おいらん》に息子を男にしてもらう。そんなことを考えて息子と一緒に登楼する父親も随分いたのでした。

軍隊の先輩もまた、女を知らない少年兵を連れて吉原に来ていたといいます。

志願兵として十七歳で海軍に入隊し、短い教育期間ののち、早々に船に乗ることになったKさんは、明日内地を離れるという日、班長に吉原に連れてこられました。登楼したのが横須賀の遊廓ではなく、東京の吉原だったのは、班長が初めて男になったのが吉原だったからなのでした。

貸座敷に上がると、おばさんはKさんに乳房の大きい、お姉さんというよりお母さんという感じの二十七、八の花魁をあてがい、班長は馴染《なじ》みなのか、十八、九の花魁と部屋に上がりました。初めてのKさんは、花魁の手で、着ているものを一枚一枚脱がしてもらいました。まるで母親に着物を脱がしてもらっているような、子どもっぽい甘い気分のうちに、夢でもみているかのような体験をしたのだそうです。

それまでは、軍務の間に思い浮かぶのは、母親とか姉妹たちだったのに、それからは、目の細い、大きな乳房をした吉原の花魁の姿にかわったのでした。

出征兵士に優しかったのは、花魁ばかりではなく、おばさんもまたそうだったといいます。

「吉原今昔図」の制作者で、吉原の鳶職《とびしょく》である荒井一鬼《かずき》さんから聞いた話なのですけれど、韓国の青年に召集令状が来て、その人は前線に行く前にぜひ一度、吉原という所へ行ってみたいと思ったのだそうです。そのころは、日本人の中には韓国人に対して差別意識をもっている人がいたものですから、当人は、吉原に行っても、とても上げてもらえないいんじゃないかと一度は思いました。でもこれっきり戦地へ行ってしまうのだと思うと諦めがつかず、断られてもともとという気持ちで「山陽」さんという見世に登楼したのですが、ところが女将《おかみ》さんもおばさんも歓迎してくれ、見世で一番のお職《しょく》の花魁を呼んでくれたのでした。それだけではなく、朝になると、おばさんが朝ごはんを花魁の部屋まで運んでくれ、花魁のお給仕でおいしいごはんを味わいました。帰るときには、花魁は「死んじゃいやよ。絶対に帰ってきて」と言って別れを惜しんでくれたんだそうです。

あのころ、かよりさんという花魁が兵隊さんの間で好かれていた、ということを聞いたことがあります。

かよりさんは少しにぶいんじゃないかと朋輩《ほうばい》たちからいわれていましたが、岩手県二戸《にのへ》の小学校では女の子の中ではクラスで一番だったというから、けっしてにぶい子ではなかったのだと思うんです。ただ、何をされても怒らないのと、南部訛《なまり》がかなり強烈にいつまでも残っていたからそんなふうに見えたのかもしれません。その訛のとれないところが兵隊さんにはよかったのか、お客の兵隊さんがちょっと愚痴《ぐち》めいたことを言うと、「まんず、それはまた、なんとスたこと」と口の中に米の粉がくっついているような口調で言うのが、いかにも情がこもっているように聞こえて、たまらなくいいのだそうです。

明日は内地を離れるという日、馴染みの兵隊さんは必ずかよりさんのところに泊まって、「必ず帰ってくるからな。帰ってきたら、絶対、あんたを迎えにくる。そしたら、所帯をもとう」と言ったものだそうです。するとかよりさんは「きっとだね。嘘言ったら駄目だよ。待ってっから、きっと帰ってきてね」と言ったというのです。

何人もの兵隊さんがかよりさんに言ったそうですが、かよりさんは必ず、「待ってるから死なないで帰って、きっと迎えに来てちょうだい」と言って送り出すのですが、そうして送られた兵隊さんは一人や二人じゃなかったらしいんです。

「女郎《じょろう》の誠《まこと》と玉子《たまご》の四角　有れば晦日《みそか》に月が出る」と長唄『吉原雀』でも唄われるように、花魁の言葉に嘘ではないものは一つもない、といわれますけれど、「必ず死なないで帰ってきて」というのも、「無事に帰還できたら所帯をもとう」という兵隊さんの言葉に喜んだのも、そしてかよりさんが一人一人の兵隊さんに同じように答えたのも、どれもみんな嘘ではなかったと私は思うんです。

吉原遊廓に兵隊さんの出入りが多くなったころ、組合事務所の一室が憲兵隊の詰所になりました。吉原遊廓の中で暴れる兵隊さんがいると、軍の名誉にかかわるので、その監視をすることが目的なのと、もう一つは、兵隊さんの逃亡を警戒してのことだったようです。

兵隊さんは軍服を着ていますから、何人が吉原の中にいるか、貸座敷からの連絡によって数が正確に摑《つか》めていました。まあ、こと兵隊さんのことですと、何かがあればすぐに憲兵隊の詰所に連絡がいくようになっていたんでしょうね。

逃亡というのは、花魁に優しくされた兵隊さんが、急に里心がついて、兵営に戻るのがいやになり、逃亡を企てたり、花魁と無理心中をした例があったのだそうです。

花魁はほとんどが地方出身者で、しかも貧しい家に育ってますから、軍隊で苦労している新兵さんや貧しい農村出身の兵隊さんを見ると、自分の境遇と同じように感じ、情にほだされて余計に優しくするんですね。それがたまたま同じ故郷の訛をもっていようものなら、大変でした。それっきり別れてしまうことができなくなって、軍隊を脱走するとか、ときには無理心中にまでいってしまったといいます。

昔の花魁は情があったといいますけれど、これから戦場に行こうという兵隊さんには身体だけではなく、心のサービスもせいいっぱいしていたのではないでしょうか。

憲兵隊詰所に詰めている憲兵隊員とは別に、塚本誠さんという憲兵の将校さんが松葉屋をよく利用してくださいました。

ご自分でも小唄をなさり、歌舞伎のお好きな塚本さんは、芸者や幇間《ほうかん》、引手茶屋、といった吉原情緒がとてもお好きで、お友だちとみえたり、憲兵隊の将校方を連れてみえたりしていました。また、遊びとは別に、憲兵隊本部ではできない会談を、松葉屋でしてくださるということもございました。あとになって知ったのですが、右翼の大物、井上日召《にっしょう》氏や岩田愛之助氏との会談も、私どもでなさっていたんだそうです。

昭和十六年に、歌舞音曲停止というお達しがでたとき、吉原だけは塚本さんのお力添えでつづけてもいいことになったんです。吉原は江戸の文化を伝承する特殊なところで、その吉原が沈滞していたのでは日本は戦争に敗《ま》けてしまう、そういって当局に働きかけてくださったのでした。吉原では大感激、新吉原引手茶屋組合と新吉原芸妓組合の名で、昭和十七年一月付で、塚本さんに感謝状をさしあげたのでした。

従軍慰安婦たち

戦線が日に日に拡大されつつあるころ、昭和十六年ころだったでしょうか、吉原の花魁《おいらん》のうちの何人かが、従軍慰安婦として前線におもむきました。いろんな方におききしても、正確な人数はわからなかったのですが、十六年ごろ、吉原から従軍慰安婦を出すようにという軍命令が、貸座敷組合に来たのだそうでございます。

貸座敷組合からそれぞれの見世《みせ》に通知がいき、前線行きを希望する花魁が集められ、内地勤務と外地行きに分かれ、任地と称する場所に出かけて行きました。

日本の軍隊というところは、その土地を攻めるときには、軍隊の出兵とともに必ず遊女屋を作ったものだ、という話をきいたことがあります。なんでも、外地に侵攻したときの兵隊たちの勢いは凄《すさ》まじいものだそうで、敵の弾丸の中に身をさらし、殺戮《さつりく》行為を続けてきたものですから、兵隊たちはふつうでは考えられないような興奮状態にあります。南京虐殺事件でも伝えられているように、虐殺、略奪、強姦と思いもかけないことになって、皇軍としての恥をさらすようにもなり、外地の娼婦との接触によって性病にも罹ります。なんでも、軍はこれをたいそう恐れたそうです。それでシベリア出兵のときなど、七個師団のうち一個師団にあたる兵隊が性病に侵され軍務につけなくなったというんです。

おかしな話ですが、ですから、戦争がいよいよ長びきそうになったとき、軍では、日本の兵隊が現地の女性に手を出すような破廉恥《はれんち》なことをしないよう、性病に侵される心配がないよう、兵隊の相手をする女性を内地から戦場に送り込むことにしたのでした。

昭和十二年の暮れだったそうですが、上海の兵站《へいたん》病院に勤務していた麻生徹男という軍医さんが陸軍から相談を受け、検診台を作ることから始まって、中国人の屋敷を利用し、昭和十三年になって開いたのが、慰安所の第一号だといわれています。そのときの従軍慰安婦の数は百二十三人だったそうです。軍管轄《かんかつ》のものだけではとても足りないので、内地から渡った業者によって民営の慰安所も作られるようになり、どちらも軍医が定期的に健康診断をしていたといいます。

戦場が一年一年と拡がっていきますと、慰安婦の数も不足してきて、飲食店に勤めていた人、私娼だった人から、日本の支配地域の女性や韓国人女性へと対象はひろがり、韓国の女性が約半数を占めるようになったのだそうですが、それでも不足して、吉原やそのほかの遊廓にも割り当てがきたということなのでしょうか。

花魁の中には、従軍慰安婦になると、年季がご破算になるので、それで応募した人もいれば、兵隊さんと行動をともにしたくて、前線行きを希望した人もいました。あのときは必ずしも強制ではなく、自分から希望して、兵隊さんについて行きたいといった花魁が多かったんですよ。花魁のお馴染《なじ》みの中に、兵隊さんがいたのかもしれませんし、心に決めていた人が戦地にいたのかもしれません。

新島にも日本の軍隊が駐屯していて、そこにも慰安所がありました。アメリカ軍が日本本土に攻めてきたとき、これを新島で迎え撃とうというわけですね。吉原の花魁の何人かが新島にまわされましたので、貸座敷のご主人たちが船の出るところまで送って行き、戦争に敗けて戻るときには、三業組合の事務長をしていた山田勝雄さんが新島まで迎えに行ったということでした。思ったより元気そうな花魁たちをみながら、「新島が戦場にならなくてよかった」と、山田さんは胸が熱くなるほど、痛切に思ったそうです。

慰安婦を希望した花魁たちはみな、「兵隊さんと一緒に死ぬ」ということを本気で思っていたのだそうです。戦争の実情を知らなかったこともあったでしょうが、前線に行くからは、みんな、帰ってくるなんて思わなかったのですね。

軍隊とともに戦場を移動していた従軍慰安婦の数は、昭和十二年から二十年にかけて十万人近くいたはずだというんです。ですから、戦場で亡くなった人たちも、相当な数になるのではないでしょうか。でも、一般の戦死者には軍人遺族年金が支給されているのに、従軍慰安婦は名簿もないのだそうです。

湯河原への疎開

昭和十九年三月、マリアナにアメリカ空軍の基地ができてからは、東京の街には灯火管制が敷かれるようになりました。吉原も不夜城といわれたときの面影はなく、貸座敷は店の明かりを消し、部屋の電灯に黒い覆いをした中で営業していました。花魁《おいらん》もとうに日本髪をやめ、ひっ詰めや外巻《そとまき》にして、普段は一般の人と同じように、標準服といわれる上着とモンペの二部式の和服を着ていました。

もちろんお客と一緒に部屋に上がるときは長襦袢《ながじばん》一枚でした。なにしろ三日にあげずアメリカの飛行機が基地から飛んできて、警戒警報、空襲警報が毎日鳴っていましたから、お客さんも花魁の艶姿《あで》を眺めるなんて雰囲気ではなかったのですね。それでも貸座敷には、連日、大勢のお客さんが詰めかけていました。

それに比べると、引手茶屋は淋しいものでした。お国の情勢は芸者や幇間《ほうかん》どころではありませんし、ときどき軍関係や軍需工場関係のお客さまがおみえになるだけでした。

吉原の街そのものも様子が変わってしまいました。といいますのは、昭和十九年ごろから建物疎開といいまして、家が建て込んでいる所では、焼夷弾《しょういだん》による類焼をくいとめるために、建物を壊して空地にしたのでした。家が込んでいるといえば吉原はその見本のようなものでしたから、間《ま》引きのようにして貸座敷がところどころ、取り壊されたのでした。

大文字楼は戦争前に見世《みせ》をやめ、その跡が空地になっていましたので、そこに大きな防空壕が造られました。共同の防空壕はもう一つ、仲之町通りの水道尻のあたりに造られ、それぞれの家の床下にも一つずつ掘ることになりました。

私どもでは六畳間の畳を上げて、その下に防空壕を掘り、上に畳を置いて、通りに面した入口から階段を下りて、そこに入るようにしました。

昭和十七年に、私に女の子が生まれ、そのとき二歳になっていましたが、その子が防空壕がすっかり気に入って、警戒警報が鳴ると大好きな眠り人形を抱っこし、バスケットにりんごやお菓子を入れて、「ブーガナルカラ、ボークーゴーニイキマショ」とお人形に言いながら、ままごとするみたいにトコトコ階段を下りていくんです。そして「警戒警報解除」という隣組の群長（当時は父がしていました）のふれ歩く声が聞こえるまで、おばあちゃんや人形と一緒におとなしく座っているのでした。

毎日毎日そんなことの連続だったものですから、養母《はは》は東京の生活がすっかりいやになったみたいでした。戦争は激しくなる一方だし、もう、茶屋商売のできるご時世ではない、こんなに大変な世の中はこれまでになかったし、もうやめるしかない、というんです。

養母は昔から何かを始めようとすると、これが女かしらと思うほど積極的にことを運びますが、いったんやめようと決めると、それがどんなに苦労したものでも、実にさっぱりとやめてしまうんです。

それに私の主人も、社命でハノイに出向したまま現地召集を受けて消息不明でしたし、とにかく一刻も早く東京を離れたいというのが養母の心境のようでした。

ちょうどそのころ、湯河原に二軒つづきの家が五千円で売りに出されているのを新聞広告で見つけ、すぐさま買う手つづきをとりました。

養母は芸者衆や幇間に用立てていた証文を、そこで全部、破り棄ててしまいました。お膳、椀類《わんるい》、徳利、盃、煙草盆、座布団など、松葉屋で使っていた松葉の紋入りの什器類は、贔屓《ひいき》にしてくださっていたお客さまにもらっていただきました。

手拭《てぬぐ》いやゆかたは商売上、たくさんありましたが、これなどは農家に持って行って米や野菜と物々交換ができますから、全部、疎開先に持って行きました。

売りに出されていた建物というのは、そのころ秋葉原にやっちゃ場（青物市場）がありましたが、そこの従業員の寮だったんです。普請《ふしん》は粗末なものでしたが、広い家と狭い家の二軒が並んで建っていて、それに野菜市場の寮だけあって、椎茸《しいたけ》の栽培をする場所があるんです。それと、鯉《こい》の養魚場になっている池が四つありましたが、それをそっくり付けての売り物だったのです。

何年か前、養母の義弟、杉山一平が大阪から越してきて渋谷区高樹町にいましたが、その叔父も私どもと一緒に疎開することになり、夫婦と息子二人の四人家族でしたが、湯河原に永住するというので広いほうの家をとり、私どもは、両親とばあや、私、子どもの五人家族でしたが、二間の家のほうに入ることにしました。そして、家と家との間が空いているのを廊下でつないで、行ったり来たりできるようにしたのでした。

叔父は新しく物置を造り、高樹町の家から荷物を全部運んできて、早速、椎茸の栽培や鯉の養魚にとりかかりました。

場所は湯河原の駅から歩いて十七、八分の所でしたが、後ろに蜜柑山《みかんやま》を控え、人の多い東京の街からすると信じられないほどのんびりしていました。私どもの家は、ちょうど蜜柑山へ登り下りする道のそばにありましたので、蜜柑山へ仕事に行く人たちとよく顔を合わせました。

そのころ、蜜柑山の蜜柑もお米同様、自分の家の商売物ではなく、お国のものでしたから、持ち主たちはお国へ供出するために蜜柑を作っていました。

実はそのころ、疎開者たちはツンケンしているというので、地元の人からよく思われていなかったんです。それが都会で暮らす人の普通の顔なんでしょうけど、地元の人には、気取っているようにも冷たいようにも見えたのかもしれませんね。でもそこは茶屋商売をしていた者の習性で、朝、山に登ろうとする人には「おはようございます。ごくろうさまです」、山から下りてくる人には「お疲れさまでした」という言葉が自然に口から出てくるんです。そのうち、縁側に腰掛けて一服しながら養母と世間話をしていく人もできたりして、いつとはなしに周囲に溶け込んで暮らしていました。

養母は、〝郷に入らば郷に従え〟と、実に切り替えのいい、さっぱりとした気性の人でしたから、その点、私は助かりました。東京にいるときは、戦時中とはいいながら、栗橋の姉が野菜などをとどけてくれるので、よそから見ればかなり贅沢《ぜいたく》なものを食べていましたのに、湯河原では、お米にさつまいもを混ぜたごはんでも喜んで食べました。

ただ困ったのは、花柳界の人間ですので、縁起物だというのでしょうか、なんでも初物をうれしがるのです。叔父が作っていたじゃがいもを、まだ小さいうちに掘って神棚にお供えするものですから、叔父が「これから大きくなるものを、駄目じゃないか」って怒るんです。

買い出しには、私が二の宮のほうへ子どもを連れていってました。買い出しというよりは、農家の手伝いといったほうがいいかもしれません。麦の脱穀の手伝いなんかして、昼になると子どもと一緒にお昼ごはんをごちそうになり、帰りに卵十個と野菜を報酬として貰い、子どもの手を引いて帰るのでした。

叔父に教えてもらいながら椎茸の栽培もしましたが、その椎茸を木から剝《は》がすときに軍手をはめてするんですけど、シモヤケやアカギレがやたらとできまして、東京にいるときには思いもしなかった、見るかげもない哀れな手になってしまいました。

収穫した椎茸は、父が東京まで売りに行ったり、地元の旅館に売ったりしていました。

そんな日、私たちは突然、グラマン機の機銃掃射を受けたんです。ちょうど子どもと一緒に家の前にいたときでしたが、空襲警報が鳴るので思わず空を見上げましたら、キーンという音が耳を射し貫き、蜜柑山の上からグラマン機の突っ込んでくるのが見えました。どこをどうして来たのか、私と子どもは靴のまま押し入れの中にいて、頭から布団《ふとん》をかぶっているのでした。

キーンという音が何度かし、物の弾《はじ》けるような音も聞こえました。私は娘をしっかり抱いていたのですが、空襲警報解除になるまでのその時間の長かったこと。外に出てみると池の周りは水でびしょびしょ、鯉が何匹も池の面《おもて》に浮いていました。

東京大空襲

三月十日の東京大空襲で、吉原の町は全滅してしまいました。

三月十日未明、焼夷弾《しょういだん》を満載したB29約三百機は、房総半島方面から東京上空に侵入し、本所、深川、城東、浅草など東京下町一帯に焼夷弾の雨を降らせたのでした。まず手はじめに町の周囲に焼夷弾を降らせてぐるりと火の壁をこしらえ、炎が中に向かってひろがっていくのを見ながら、次には炎の囲みの中に焼夷弾を落としていくというやり方だったので、囲みの中の人々は四方八方から炎に攻められ、逃げ場を失ったのでした。このときの死者は、関東大震災の約二倍だったといわれています。

関東大震災が起こったときは昼でしたから、逃げられる人は逃げたのですが、三月十日の空襲は真夜中のことで、しかも周りが火の海ですから、まるっきり方向が摑めなかったそうです。方向がわからないまま火の中を逃げなければならないなんて、どんなに大変だったろうと、あのとき湯河原にいた私は、申し訳ないような気がするのです。まして吉原の花魁《おいらん》たちは、吉原の町の中にだけ暮らしていて、外の様子がまるっきりわかりませんから、どこに逃げてよいのかわからなかったのではないでしょうか。

でも、あの凄い炎の勢いでは、逃げられなかったのは花魁だけではありません。震災のときには、花魁は亡くなったが貸座敷の主人や女将さんは助かった、という例がいくつもありました。でも三月十日の空襲では、花魁も貸座敷の主人も、泊まり客も、生き死には一緒だったと聞いています。

三月九日は吉原の勤労奉仕の日で、芸者衆は見番《けんばん》の二階に集まって、議事堂の屋根を覆う網を編んでいました。敵の飛行機をあざむくために、土と同じ色をした細かく編んだ網を、議事堂の屋根にかぶせるというわけなんです。材料は麻縄で、しかも網の目をしっかりと細かい目にするために、力を入れて編まなければならないので、指がカサカサになり、肩がこりました。ただでさえ栄養失調なのですから、夕方終わるころには、みんなへとへとに疲れきっていたということです。

空襲警報が鳴ったのは、夜の十二時でした。「またアメリカさんか。今夜は一体どこを焼こうというのかしら」と呟《つぶや》きながら芸者のみな子さんは妹さんと一緒に外に出ました。本所の方向に火の手が上がり、空が昼間のように明るく、上空に蜂の大群がうなっているような飛行機の音がするので、慌てて京町の防空壕に入りました。防空壕の外を次々と人が走り過ぎていましたが、急に様子が変わって、きゃーという叫び声や泣き声がし、あまりに騒々しいので外に出てみると、山口巴が燃えていました。仲之町通りの引手茶屋はもうあらかた火に包まれ、家の骨組みが剝き出しになって、そこもまっ赤になって火を噴いています。

ここにいては危ないというので竜泉寺をめざして妹さんと二人、手をつなぎながら走ったのですが、どこもかしこも建物は火を噴き、露地を火が走っています。どこをどう逃げてきたのか、やっと火のないところに来て、ここはどこだろうと思いながら見ると、目の前に電車が並んでいるのでした。でも、あっ、電車、と思った途端に電車に火がつき、炎に包まれたので、またそこから逃げ、揚屋町の防水池のところにきて一息つきました。

防水池の周りには、十人ばかりの人がいましたから、ここなら大丈夫なんだな、と思っていると、火が飛んできて、男の人が着ていた寝間着がポッポッと燃えはじめました。水をかける間もなく、男の人はくるくると二周ばかりまわって、バタッと倒れてしまいました。たぶん貸座敷に来て泊まっていた人なのでしょう。

いつのまにか、若い女の人が二人、お年寄りが二人、それとみな子さん姉妹の六人になってしまったので、互いに水をかけ合いながら「ここにいる人たちだけでも助かりましょう」と声をかけ合うのでした。空はまっ赤、周りもまっ赤、空には赤い腹のB29がうなり声を上げながら、何機も何機もとびまわっています。

そのうち、若い娘さんの一人が、身体がゆらっと動くので、もう一人の娘さんが「眠っちゃ駄目よ」と娘さんの耳元で叫んだのですが、「うーん」とうなると同時に、それっきり死んでしまいました。せっかく火の中を逃げてきたのに、あまりの恐ろしさに心臓麻痺《まひ》をおこして亡くなったのだそうです。

やっと四時ごろになって、さあっと涼しい風が吹いてきて、ああ助かった、とみな子さんは思ったのでした。ほんとに不思議なんだけど、どこから吹いてくるのか、さあっと涼しい風が吹いてきたんだそうです。

私の父は、江戸町の群長でしたので、町を守るために東京にいました。B29が下町一帯を周りから焼夷弾攻撃しているらしいのを見てとった父は、防空壕に入っていては焼き殺されると思い、外に出て避難するよう、メガホンを口に当てて大声でふれまわりました。東京の三月というと、ただでさえ火事のおきやすい時期、焼き払われるのは目に見えていました。まだ誰かが防空壕の中にいるようなので、叫びながら何度も行ったり来たりしてふれまわっているうちに、空は赤く、周りは炎のために昼のような明るさとなり、父もいよいよ逃げることを決め、愛用の刺し子に水をたっぷりふくませて白鬚橋《しらひげばし》の方角に逃げました。すぐに仲之町通りは火に包まれ、父は炎と煙に包まれながら、大勢の声のする方向に向かって走り、夜が明けるまで白鬚橋の下にいて助かったということでした。

一夜明けた東京下町は、半壊の鉄筋がぽつりぽつりと残るだけの一面の焼け野原で、まだ火がそこここにくすぶり、物や人の焼け焦げた臭いがたちこめていたといいます。この空襲で、私も本所菊川橋の軍需工場につとめていた兄夫婦を亡くしました。

急ごしらえの吉原遊廓

東京大空襲のあとも、B29は三月十二日名古屋、十三日大阪、十九日名古屋、というふうにたて続けに日本の都市を攻撃し、そのたびに、人の命や家、軍事施設や軍需工場が失われていきました。

とても戦争に勝てるような状態ではないが、そうかといって日本が敗《ま》けるなんて考えられない。でもこのまま進んでいったら一体日本はどうなるだろうと、誰しもが考えているとき、突然、当局のほうから吉原の貸座敷の組合に、即刻、吉原を復興するようにという命令が来たのでした。五月でしたから、三月に焼け出されてまだ二か月しか経《た》っていません。理由は治安の維持と国威発揚のためでした。

東京の男たちの戦意を昂揚させるためにも、東京の治安を守るためにも、廓《くるわ》は必要だという当局の考えで、三業組合長の成川敏夫さんは早速、国分寺に疎開していた土地の鳶頭《とびがしら》の鳶福さん（荒井福之助さん、一鬼さんのお父さん）に連絡したのです。吉原にはそのとき、焼け残った鉄筋の建物が七軒ありましたので、それに一号から八号（四号は縁起が悪いので除く）までの名前をつけ、利用できる一号、二号、七号、八号館を大至急補修して娼館にしてほしい、と成川さんは荒井さんに依頼しました。

荒井さんは大急ぎで、あちこちに疎開している職人さんに連絡して来てもらい、焼け残った鉄筋建物の中にベニヤ板を使って壁や部屋の仕切りをこしらえたり、コンクリートの床に古畳を敷いたり、入口には布でカーテンをして、なんとか営業ができるものにしました。

建物ができあがると、今度はそこで働く花魁《おいらん》を集めなければなりません。

空襲で吉原が全滅したとき、生き残った花魁たちは店主の意志で、それぞれに自由選択が与えられましたので、それぞれ、故郷《くに》へ帰ったり、知人の所へ身をよせたりしていました。その落ち着き先を組合では大急ぎで調べて、連絡をとって来てもらうことにしたということです。

こうして、四十数人が揃ったところで、吉原遊廓としての営業を始めました。八月五日のことでしたが、そんな仮の建物でも、たちまち長い行列ができたということでした。

そして八月十五日の敗戦。たった十日間営業しただけで、焼け跡の娼館は店を閉め、生えはじめたすすきの中にその姿をさらすことになりました。

湯河原で聞いた〝終戦の詔勅〟

昭和二十年七月ごろ、湯河原は近くアメリカ艦隊の艦砲射撃を受けるだろうという噂《うわさ》が流れました。でも噂だけではなく、町役場までが、艦砲射撃後、アメリカ海軍が上陸してきたときにはどうやって身を守るかを、ラジオをとおして指令してきたのでした。アメリカ海軍が上陸してきたときには、女や子どもは一刻も早く安全な場所に身を隠すこと、まさかの場合には、竹槍《たけやり》を使って身を守ること、というのですが、そのまさかの場合のために、隣組で毎日、竹槍の訓練が行われました。

竹槍の訓練を終えて帰ってきた私に、養母《はは》は「わたしはもういいからこのままにして、子どもを連れて山へ逃げなさい」と言うんです。あの、てきぱきと何事にも積極的だった養母も、もう六十歳を越していました。

「何を言うのよ。家族がバラバラになってどうするの」

強気を出して言ったものの、私は心配でならなかったんです。湯河原がほんとうに戦場になるのだろうか。鬼畜米英っていうけど、捕まったらどんな目に遭わされるのだろう、死ぬときが来たらみんなが一緒に死ななくては、なんて恐ろしいことしか頭に浮かんでこないのでした。

でも、恐ろしい目に遭うこともなく、八月十五日の終戦の日を迎えました。

日清日露の勝ち戦争《いくさ》を経験している養母は、天皇陛下一辺倒でしたから、天皇陛下の放送があるというので、紋のついた黒の羽織を着て、ラジオの前に正座しました。

大空襲があっても、アメリカ兵が上陸するかもしれないといわれても、養母は戦争に敗けることなど、まるっきり考えていませんでした。そういう私だって、戦争に勝てそうもないと思いながら、でも敗けるなんて考えていなかったのですから……。

ですから、養母は日本が敗けたと知るや、興奮してしまいました。

娘はまだ三歳でしたから、疎開するとき、ママって泣く眠り人形を持ってきて、それを大事に可愛がっていました。茶色い髪をした、青い眼の人形なんですけど、養母は娘の手からいきなり人形をひったくり、前の川に捨てちゃったんです。こういうものを持ってるから、日本はアメリカに敗けたんだ、というんです。

寝るときも離さないくらい大事にしていた人形ですから、娘はわんわん泣きました。川の水がまた、勢いよく流れてくれればいいのに、流れがゆるいものですから、川の石に人形がひっかかって流れないままいつまでも浮いているんです。いくら流れがゆるいからって拾いに行けるような所ではないし、私は困ってしまいました。

西洋人形だけでなく、養母は家の中から、洋文字のラベルの貼ってある物を全部、持ち出してきました。ウイスキーだろうと、シロップだろうと、とにかく舶来物はばんばん川に捨てるんです。

でも私にはそれを止める力はありませんでした。泣いている子どもをなだめることさえできず、日本はやっぱり敗けたんだなあと、そんなことばかり思って、ただ、突っ立っているだけでした。

四章　民主主義の時代と吉原

進駐軍と慰安所

昭和二十年の秋、焼け跡の吉原に、瓦礫《がれき》を覆い隠そうとでもするかのように、すすきがやたらと生えひろがりました。そのすすきの原の中に、焼け残りの鉄筋建物がお化け屋敷のように建っていました。

吉原の鳶職《とびしょく》の荒井さんたちがせっかく手を入れた建物も、しばらく放っておかれるとたちまち荒れて、お化け屋敷のようになってしまったのでした。

その薄気味の悪い建物が、吉原で最初の、進駐軍慰安所になりました。ベニヤの仕切りをもう一度造り直すやら、カーテンを新しくつくって仕切りにするやら、ベッドを備えつけるなどして娼館らしいものを大急ぎで造りあげました。敗戦によってちりぢりになっていた花魁《おいらん》がもう一度よび戻され、それだけでは人数が足りないので、新たに募集した女の人を加えて花魁の数を揃え、上陸したばかりの進駐軍の兵士を迎えたのです。

進駐軍が日本本土に上陸するに先だって、日本の政府がまず用意したのが、進駐軍将兵のための慰安施設だったというのをあとで聞いて、私はびっくりしたものです。〝終戦の詔勅〟が放送されてまもない八月十八日にはもう、内務省から各府県に向けて「進駐軍特殊慰安施設について」という無電が打たれていたというんです。

戦争中は、前線の兵隊さんを慰問するために女の人たちが集められ、今度は進駐軍将兵を慰めるために、また女の人たちが集められたというわけです。

そのころの事情に詳しい方にうかがったところによりますと、敗戦直後のころ、吉原の貸座敷組合のおもだった人たちが、警視庁のよび出しを受けて、何事だろうというので、焼け残った銀座のビルに出向いたのだそうです。その場所には、ほかに東京飲料組合、芸妓屋組合、接客業組合の役員たちも来ていて、警視庁のお役人から、東京の治安を守り、一般の女の人たちの安全を守るためにはどうしたらいいか相談を受けたのでした。

なにしろ、南方の島々で戦争に明け暮れ、禁欲状態にあった進駐軍の将兵たちが続々上陸してくるのですから、敗戦国の女たちはどんな目に遭わされるかわかりません。そこで一般の女性たちの身の安全を守るためにはどうしたらいいか、その対策が話し合われたのでした。

その結果生まれたのが、「特殊慰安施設協会」（レクリエーション・アミューズメント・アソシエーション、略してＲＡＡ）の設立だったのだそうです。

そのすぐあと、銀座通りに出された広告が、あの有名な「新日本女性に告ぐ」でした。

「新日本女性に告ぐ。戦後処理の国家的緊急施設の一端として、進駐軍慰安の大事業に参加する新日本女性の率先協力を求む」

「女事務員募集、年齢十八歳以上、二十五歳まで。宿舎、被服、食糧など全部支給」

一方、一般の女性に対しては、新聞や隣組の回覧板を通して、進駐軍を迎えるにあたっての心得が示されたのでした。

「人前で授乳をしてはいけない。素足に下駄ばきをやめること。進駐軍の兵士からウインクされたり口笛を吹かれても相手になってはいけない。愛想笑いをしてはいけない。女の一人歩きや夜の外出を絶対してはならない。外国の兵士を珍しそうに見てはいけない。男の家族がいない家は、戸締まりを厳重にし、鍵《かぎ》がこわされたら大声で叫ぶか、男のいる家に駆け込むこと」

広告を見て集まってきた人たちは、その日その日の生活に困っている人ばかりでした。戦争に敗《ま》け、家が焼かれて誰もが困っている中でも、特にその日の暮らしに困っている人たちが多かったといいます。若い戦争未亡人とか、家を焼かれ、会社も焼けて職のない人、空襲で親兄弟を亡くした人たち——戦後に生まれた方にはとても想像つかないと思うのですが、空襲で家を焼かれているから住む所はなく、材料も人手もお金もありませんから、新たに家を建てるなんてとてもできないことでした。ですから、焼けなかった親戚や知り合いの家を間借りさせてもらうのですが、肩身がせまく、もちろん、食べる物は自由に手に入りません。

そんなとき〝宿舎、被服、食糧など全部支給〟の文字は、どんなに魅力があったかしれません。応募してきた女の人たちは、仕事の内容を聞かされたときは一様にショックを受けたようですが、でも「お国のためになる仕事ですから、誰に恥じることもありませんよ」と係員に説得されると、恐ろしさと不安を感じながらも、宿舎や食べ物があるということに魅《ひ》かれて、しぶしぶ引き受けてしまったということです。

そうした人たちに、プロの女性たちが加わって、外国人を相手にするための実技指導を受けたあと、八月の下旬にはオープンの運びになったのでした。

吉原は海外で「ゲイシャガール・ヨシワラ」の名が高かっただけに人気があって、オープンと同時に進駐軍兵士が殺到しました。七軒あった鉄筋建物に連日行列ができるほどでした。外国人のための娼館だというので、寝室のほかにダンスをするためのホールやお酒を飲むためのカウンターも設けなければならないことになっていました。そこで働く女の人たちも、花魁とはいわず、パンちゃんと呼ぶようになりました。

この〝パンちゃん〟とか〝パンパン〟という言葉は、なんでも女の人の身体の部分のことを意味していたようですよ。

まもなく、一号館、二号館、七号館と呼ばれていた建物のうち、一号館が黒人専用になり、二号館は白人用、それから橋場が焼けずに残っていましたので、そこの建物が将校専用というふうに区別されるようになりました。また、江戸町一丁目と揚屋町の角にジュラルミン製のかまぼこ型の建物ができましたが、そこは女の人と接した進駐軍の人たちの身体を洗浄するための施設だったようです。

「怖かったわね。お化け屋敷」と今でも芸者衆は言います。

「くる人、くる人、身体の大きい外人さんでしょう。周りはすすきの原だし、すすきの中に黒人の人がかたまって立ってると、なんだか景色がくろぐろしていて、凄《すご》かったものよ」

引手茶屋だった金村さんは、焼け跡でコーヒー店を出していたのですが、ときどき娼館からコーヒーを持ってくるように頼まれたのだそうです。でも、中に入っていくのが怖くて、「出前はしませんので」と断っていたのでした。

そのころ、強姦事件がおきました。娼婦の一人が歯が痛んで、まだ時間ではなかったので一号館のベッドで寝ていたそうなんです。すると、黒人兵が三人ジープで乗りつけてきて、ベッドに寝ている娼婦をみつけると、なかの一人が窓ガラスを叩き割って入り、ピストルで脅しながら強姦したのだそうです。ちょうどそのとき、二人の娼婦がお汁粉屋にいたのですが、今ジープが一号館のほうに行ったよ、と聞くなり、朋《ほう》輩《ばい》のことが心配になって駆けつけたんです。ところが今度はその人たちが、ジープの中で順番を待っていたアメリカ兵に犯されてしまったのでした。

この強姦事件だけではなく、強盗事件も頻発していました。慰安所がはやるのはまあいいとして、毎日通ってきたりするために遊興費が足りなくなり、強盗を働くんですね。吉原の人たちは、せっかく焼け跡に戻ってきたというのに、金網を張るなどして強盗におびえながら暮らす始末でした。

そんな中で、性病が猛烈な勢いでひろがり、慰安所はいっせいに検診が行われました。

占領軍側では、性病がひろがった原因を日本側の責任として厳重な検査を命令したんだそうです。そのころはペニシリンができていましたから、罹病者にはそれを打つなどしたのでしょうけれど、病気になる人があとを絶たず、それでも慰安所に通う兵士があまりにも多かったので、とうとう、オフ・リミット（立ち入り禁止）の標識が、施設の入口に立てられるようになったのでした。

ですから、吉原が進駐軍用の慰安所になっていたのは、わずか一年足らずのことなんです。

赤線の誕生

昭和二十一年一月、日本の公娼制度にかかわる一切の法規は廃止するように、というお達しが連合軍最高司令部の名で出されました。日本の公娼制度は民主主義の精神に反するというわけなのですね。占領軍が出す命令はすべて受け入れなければならない占領下でしたから、このお達しによって日本の公娼制度はすぐに廃止されることになりました。明治五年の、あの〝マリア゠ルース号事件〟のときの「娼妓解放令」以来、二度目の廃止命令ということになります。

けれども、このとき警視庁では、公娼制度が廃止されるのはいいとして、それにかわって私娼が増えるのではないかと心配しました。公娼制度ですと、健康診断や性病予防など、国としての健康管理ができますが、私娼ではそれができませんので、性病が増えるんじゃないかというんですね。

それで、公娼制度が廃止されたあとの風俗対策として、〝病気をうつすおそれのある者の健康診断や病人に対する治療を地方長官は命令することができる〟、それから〝特殊飲食店を指定し、風致上さしさわりのない場所に限って集団的にこれを認めるようにする〟という方針が打ち出されたのでした。

かつて、〝貸座敷〟といわれていたところが〝特殊飲食店〟になったというわけです。お客相手の仕事をする人は、〝花魁《おいらん》〟ではなく〝ウエートレス〟ということでしょうか。とにかくそうした正業というのを一応、表向き、もたなければならなかったんです。それまでの「貸座敷組合」が「カフェー協同組合」になったのは、こうした理由からでした。

警視庁では〝風致上さしさわりのない場所〟として、吉原をはじめ、新宿、洲崎(深川区平久町、現江東区)、などを指定し、そこを地図の上に赤線で囲み、〝赤線〟という言葉が生まれたのでした。〝遊廓〟ではなく〝赤線〟になったわけですね。

そのとき赤線で囲われた東京の〝赤線地区〟は、吉原、新宿、洲崎、千住のほかに、玉の井、亀有、新小岩、向島（鳩の街）などでした。

〝赤線地区〟に対して〝青線地区〟という言葉がありますが、それは街娼の集まる地区のことなんです。街娼は、特殊飲食店で仕事をする娼婦たちとはちがって、一人で自由に客がとれ、場所も好きなところですることができますが、でも一人離れているよりは、何人かがかたまっていたほうが客をとりやすいので、自然に集まるようになりました。しかも場所は、駅の近くとか、赤線地区に近いところとかいうふうになりますので、そのあたりがいつのまにか〝青線地区〟と呼ばれるようになったのでした。

街角にはまた、戦前にはなかった〝闇の女〟とか、〝パンパン〟とよばれる人たちが立つようになりました。「新日本女性に告ぐ」の広告に応募して占領軍の慰安所で働き、その後、占領軍のオフ・リミットによって慰安所を去った人たちの何割かが、街角に立って、アメリカ兵や日本の男の人によびかけるようになったのでした。

もともとは、店にも組織にも属さない自由売春でしたが、自然に群れをつくるようになって、縄張りもできてきました。群れの中からボスが生まれ、規則のようなものもでき、それを犯すと、仲間からリンチを受けるということになったのだそうです。

そのへんのことを田村泰次郎さんが『肉体の門』という小説で描き、それが映画や劇にもなって、大変な評判になりました。

歌謡曲では、菊池章子が歌った『星の流れに』が大ヒットし「こんな女に誰がした」の歌の一節は、今でも口にする人がいます。なんでもこの歌は、奉天から引き揚げてきた元看護婦の投書から生まれたものなんだそうです。その看護婦がやっとの思いで敗戦の日本に帰ってきたところが、空襲で家がなくなっていて、家族の消息もわからず、食べ物もなく、仕事も見つからず、闇の女になるほかなかったという事情を書いて、新聞に投書したのでした。その投書を新聞で読んだ作詞家の清水みのるさんが心を打たれ、徹夜で詞を書き上げたといわれています。

実際、女の人が街娼になったきっかけは、この『星の流れに』のような場合が多かったそうで、家族を養っていた人も二割近くいたと聞いています。

そういえば昭和二十一年は、日本の女性がはじめて選挙権をもった年でもありました。前年の十二月十八日に参政権を手にし、二十一年四月の、戦後はじめての総選挙では、三十九人の婦人議員が国会に登場しました。

赤線の街、吉原

進駐軍のための慰安所は一年足らずで閉鎖しましたが、吉原はもう、焼ける前の吉原ではなくなっていました。

焼ける前は、公娼の遊廓ということで、お国の法律が効いていたのはもちろん、遊廓自体にも自らを律するためのいろいろな取り決めがあって、それが吉原の格式にもなっていました。敗戦によってそれらがいっきに取り払われてしまったのですから、無理もないことですけれど……。

まず〝遊廓〟から〝赤線〟になって、吉原の店は特殊飲食店らしい店構えにしなければなりませんでした。板の間のホールをこしらえ、ボックスを置き、お酒を飲むためのカウンターを造らなければならないのでした。そこで女の人は、お客と一緒にお酒を飲んだり、ダンスを踊ったりするわけですね。

でも、それは新しい制度に切り替わったためのたてまえで、お客はもともと部屋に上がるのが目的で来ているのですから、飲んだり踊ったりなんかしないで、いきなり部屋に上がる人がほとんどで、ホールもボックスも形だけのものだったそうです。

女の人と店との関係は、公娼制度廃止前のことですと、見世《みせ》と女の人との貸借関係だったのですが、赤線になると、これが自由契約に変わりました。ですから、いつまでもその店にいなければならないという決まりはなく、いやになったらいつでも店をやめることができ、それに対して店は何を言うこともできません。

公娼制度のころですと、女の人に逃げられると、見世ではすぐに警察に捜索願を出したものです。私娼窟などにいるのがわかりますと、そこの店と女の人との間にどんな取り決めがあっても、貸座敷に連れ戻すことができたのですが、でも戦後は、女の人にどんなに多額のお金が貸してあっても、出て行かれればそれっきり。店ではどうすることもできないのでした。

呼び込みも、妓夫太郎《ぎゆうたろう》ではなく、女の人が自分でするようになりました。でも、自分の店の前だけに限られていまして、ほんのわずかでも隣との境界線を侵してはならないということになっていました。それで、境を越した、いや越さないと、店同士のもめごとがよくあったようです。

もう一つ、焼ける前との大きなちがいは、吉原以外の人たちが入ってきたことでしょう。昔は吉原で見世を開くのには、内務省令による許可がいり、おいそれとはできなかったのですが、二十一年以降はそれがなくなったものですから、組合員以外の人が入ってきて、たちまち店は百軒以上になりました。

昭和二十一年の話としてこんなことを聞いたことがあります。私どもがまだ湯河原から帰って来てないころのことなんですが、小見世《こみせ》のご主人だった人たちは、焼け残った鉄筋建物を利用して、共同で店を開いていましたが、お金のある人は材木を買い、店を建てはじめていました。ところがこれが面白いんですけど、まず、柱を立てますでしょう、そうするとどこから聞いてきたのか、お客が押しかけてきて、暖簾《のれん》がなくても、柱と女の人さえいれば商売になったというわけです。たちまちお金が入りますから、そのお金で次は壁をこしらえ、また入ってきたお金で次は建て直しをするという具合で、日掛けで家が建ったというんですよ。

女の人の数がものすごく増えたのも、戦後の特徴でした。

昔から吉原は〝遊女三千人〟といわれていましたが、その人数には誇張があって、大体は二千百人ぐらいだったらしいんです。ところが二十二、三年のころは、いろんな人が吉原に入ってきたので、女の人の数は三千百二十人にもなったのだそうです。

なにしろ、あのころは食べる物がありませんでしたでしょう。女の人たちは、お金のために吉原に入ってきたというよりは、食べるために来たっていう人が多かったんですよね。お金を出しても食べ物が買えないという時代でしたもの。赤線の店へ行けば食べ物があるだろうというので入ってきた人も、結構いたんです。ですから、食べ物のいい店には女の子が長くいつき、悪い所はすぐに人がかわる、ということがあったのでした。食べ物とお金とどちらが欲しいかときかれれば、もちろん食べ物のほうが選ばれた時代だったのです。

そのせいでしょうか、こんな人がよくもまあ赤線に、という人がいましたよ。専門学校を出た人とか、学校の先生をしてたことのある人、絵を上手に描く人、すばらしい詩を書く人など。

学校の先生をしていた人は、実に利口な人で、三十万円を貯《た》めようと思って吉原に入ってきたというんです。それで愛嬌をふりまき、頭をつかい、そのかわり、身体のほうはできるだけ使わないようにして、働きに働き、とうとう一年で三十万円を貯めちゃったんですって。

中堅サラリーマンの月給が三百五十円から四百円のころですが、目的を遂げると、さっさとやめて吉原を出ていきました。

当時、「新吉原カフェー喫茶協同組合」の事務局長をしていらした山田勝雄さんにうかがったことによりますと、昭和二十一年ごろの女の人の稼ぎ高は、揚屋町のあるお職《しょく》（お客をたくさんとって稼ぎのよい女性）の人の場合、少ないときで月一万五千円、多いときは三万円で、男の月給取りの約三十倍は働いていたというんです。

家族を養っている人や親姉妹に仕送りをしている人は、インフレの世の中でしたから、いくら働いても貯金はできにくかったかもしれませんが、自分の身一つの人は、働いた分は貯めることができたのでした。

赤線に来た人は、募集していることを知って自分でやってきた人もいれば、口ききによって来た人もいました。表向き、周旋は禁じられていましたが、でも裏では結構、口ききのようなこともされていたようでした。その周旋屋の役目をしていたのが、輪タクの運転手でした。あのころは街によく女の人が立ってお客を引いていたものですが、輪タクの運転手はその人たちに「吉原で働いてみないか」って声をかけたんだそうです。

輪タクの運転手は、女の人を連れてくるだけではなく、お客も連れてきました。ですから〝輪タク屋はお客もひっぱるし、女もひっぱる〟なんていわれたものでした。それだけではなく、借金を踏み倒して逃げた女の人も、輪タクの運転手が見つけて連れてきたものなのだそうです。

そのころ、昭和二十二年ごろのことですけど、吉原に女の人たちの組合ができたんですよ。

「新吉原保健組合」という名称でしたが、吉原からやがて全国組織へとひろがっていきましたが、その組合をつくったのが、「新吉原カフェー喫茶協同組合」事務局長の山田勝雄さんだったのです。

世の中が変わって、女の人たちも自分自らの手で身体も権利も守っていかなければならない、というのが山田さんの考えでしたが、これに、カフェー喫茶協同組合の初代会長成川敏夫さんも賛成し、吉原にはじめて女の人たちの組合が生まれたというわけです。
さしあたっての活動は、性病から自分を守ることでしたので、薬も組合で購入した
のだそうです。なにしろ、当時進駐軍がもっていたペニシリンは、すごい効き目があ
るというので話題になっていました。
このごろのように、何かあるとすぐに薬を使うなんてことのなかった当時の日本人
には特に効いたようで、前の日に使うと、翌日はもう治っているので、みんなびっく
りしたものだそうです。この組合は、やがて「全国性病予防自治会」へと発展し、全
国の赤線地区の人たちとの交流も生まれるようになったのでした。

湯河原から吉原へ

話は前後しますが、戦争が終わった年の秋から冬にかけては、私にとって、かつて
経験したことのない、重苦しい日々がつづきました。
戦争が終わったからといって物資が出まわるわけでもなく、しかも昭和二十年とい
う年は、明治三十八年以来の大凶作とかで、食糧事情は戦争中よりもさらに悪くなっ
ていました。

〝買い出し列車〟という言葉が生まれたのはこのころだったと思います。東北線や上越線は闇米を東北や新潟から買ってくる人でいつも超満員。汽車の網棚には、なんとか見た目をごまかしたお米の包みがいっぱい詰まっていたということが新聞で報道され、ニュース映画で見たこともあります。女の人は、手拭《てぬぐ》いを縦に縫い合わせた細長い袋を作って、その中にお米を入れ、胴に巻いて厚地の帯を締めているように見せかけたり、お腹に巻いて妊婦になりすましたりして、無事に上野に着けますよう、祈る思いで汽車に乗っていたのだそうです。

といいますのは、闇行為の取り締まりがきびしく、列車の中を警察官が見まわっていて、みつかるとお米は全部、没収されてしまうんです。せっかく莫大《ばくだい》なお金を使って農家からお米を買ってきたというのに、それですべてがご破算になり、それどころか、警察に連れていかれちゃうんです。

食糧が乏しいだけではなく、燃料も不足していました。

でも私どもではその冬、湯河原の旅館「一不二《いちふじ》」さんから、旅館に配給になった木炭の中から、一俵をゆずっていただくことになりました。「一不二」の女将《おかみ》さんは養母《はは》の友だちで、娘さんの飯田ハツさんは私の女学校の二年後輩、そんなご縁で、湯河原に疎開していた私どもを何かと心にかけてくださっていたのでした。

早速、養母と私は近くの農家から背負子《しょいご》を借りてきて、娘の手を引きながら山の上まで取りに行ったのでした。私が炭を背負って、三人して山を下りたのですが、途中で娘がもう歩けないなんて言い出しちゃったんです。それで養母が娘を背負ってくれたのですが、下り坂で娘の体重がもろに養母の背中にかかるものですから、養母がぎっくり腰になってしまいました。

どうやらそれは治ったのですが、治ったころに隣のご主人が亡くなられました。同じ隣組ということもあって、お葬式に参列し、火葬にも立ち会ったのですが、今のように火葬の設備がありませんから、山へ運んで薪《まき》で死体を焼くんですよね。火の勢いはありましたけど、でも、炎の間から焼けるところが見えるんです。しかも完全なお骨になるまでに相当な時間がかかるものですから、養母にはそれが大変なショックだったらしいんです。

「ここで死んだら、わたしもこういうお葬式をされるんだね」と言っていましたが、家に戻るなり、何がなんでも東京に帰る、と言いだしました。

ちょうどそのころ、幇間《ほうかん》の桜川忠七さんの奥さんの姉夫婦が湯河原に疎開して住んでいました。桜川忠七さんもよく養母を訪ねて下さって、二人して「できるなら仲之町で死にたいよ」「そうですねえ、わたしもなんとかもう一度死に花を咲かせたいものですよ」なんて話し合っていたらしいんです。忠七さんと何度かそんな話をしているうち、養母は、なんとしてでも吉原に戻ってお茶屋をする、と肚《はら》を決めたのでした。私にしましても、戦争中ならまだ我慢はしますが、もう日本も敗《ま》けてしまったのですから、このうえ湯河原で馴《な》れない生活をつづけていく気はありませんでした。

そうと決まると、一刻も早く吉原に戻りたくて気が焦《あせ》ります。でも、急に住むところをこしらえるといっても資金がありません。

といいますのは、昭和二十一年二月十七日に「金融緊急措置令」というのが出され、旧円が新円に切り替わり、一世帯につき五百円の新円交換が許されるだけで、あとは全部封鎖。勝手にお金を引き出すことができなくなったのでした。

吉原には江戸町一丁目に土地がありますから、そこに建てるにしても、建築費として五万円が必要でした。でもお金は全部封鎖されていますし、椎茸《しいたけ》を売ったぐらいではどうなるものでもありません。

金村さんはそのころ、焼け跡に小さい家を建てて、コーヒー店を始めていました。近くの床屋さんがコーヒーのルートをもっていて、そこからコーヒーをまわしてもらったり、お菓子としてはじめて出まわった最中《もなか》を出すなどして、近所の人たちや、金村はどうしているだろうと心配して訪ねてくださる昔のお客さまを相手に、結構、店はやっていました。

芸者衆も一人二人と戻ってきて、モンペ姿のまま、「あなたも生きていたの」「まあ、あなたも」という具合に再会を喜んでいるというのです。ときどき様子を見に吉原に出かける父からそんな話を聞きますと、もう、矢も盾もありません。養母に昔の心意気を取り戻してもらうためにも、一刻も早く吉原に戻りたいと思うのでした。

ところが客商売とはありがたいもので、私どもに五万円を貸してくださる方がいたのです。

自動車のラジエーターの会社をしていらっしゃる長尾さんがその人ですが、長尾さんは古くからの松葉屋のお客さまで、熱海の別荘に疎開していらしたのでした。私どもでは野菜が手に入りますと、それを長尾さんのところに運んだり、東京に出かけられるときには、早くから駅に行って切符を手に入れてあげるなどしていたのですが、吉原に戻りたいのに資金がなくて困っているという話をしましたら、即座に五万円を貸してくださったのでした。

焼け跡には、一人二人と疎開先から戻ってくる人たちがいましたので、父はその人たちと相談しながら、引手茶屋にも料亭にもできるような設計をして、普請《ふしん》にかかりました。二十一年の四月には、八畳間が一つ、六畳間が三つという家が完成しました。

今日の松葉屋の基となるものです。

疎開するまで引手茶屋を営業していたのですから、当然そのまま商売ができるものと、浅草警察署に営業の許可願を出したのですが、許可が下りないんです。うっかりしていましたが、吉原は赤線地区になっているから、特殊飲食店以外は許可されないことになっていたのでした。

新しい商売に踏み切る

建物ができあがったのに、店をあけることができないのではどうしようもありません。思いあまって、私は角海老《かどえび》さんで働いているおよしさんのところへ相談に行きました。

角海老さんはそのころ、はやばやと吉原に戻って、商売を始めていました。およしさんは以前、稲本楼の下新《したしん》さんだったのですが、戦後、稲本さんが商売をやめてしまったので、角海老さんで働いていたのでした。

およしさんていうのは面白い人で、私の小さいとき、目の縁《ふち》にものもらいができると、おまじないにザルを被《かぶ》って井戸を覗《のぞ》くと治るなんて教えてくれた人で、私は昔から随分親切にしてもらっていたのでした。およしさんは「大丈夫よ。わたしがよく教えてあげるから、やってごらん」と実にさらりと言ってくれるんです。おかげで私もふんぎりがついたのでした。ともかく、長尾さんにお借りした分をお返しするのが、私どもの急務でしたから。

まず、およしさんに教わったとおり、門口に募集の札を出しましたところ、早速、四人の女の人が来ました。二十歳前後の人が二人、二十二歳の人が一人、それと二十七歳の人でした。

二十七歳の人は、しず代さんといって、今でいうヒモがついていて、どこに行っても兄だと名のる男の人がやってくるので、長くいられず、しず代さんは逃げるようにして次々と働き先をかえてきたというんです。

それから染代さんという二十二歳の娘《こ》は、上背もありグラマーで、見るからに男の人が好きそうな身体をしているのですが、若いうちからヤクザにかかわっていたとかで、することなすことが乱暴で、怖いもの知らずなんです。

そのころ吉原は、まだ建物が少なくて、相変わらずすすきや雑草が茂っていました。進駐軍はとっくに禁止になっているのに、ときどきこっそりやってくるアメリカ兵がいて、染代さんはすすきの原の中でアメリカ兵の相手をするんです。周りにも悪いし、私どもの手に負えないので、すぐにやめてもらいました。

洲崎からきた和代さんは、男みたいに立派な字を書く人で、気性もさばさばして学問もあり、気働きがいいものですから、お客がつきました。もう一人、それまで働いていた店がつぶれたからここに置いてほしいといってきた娘は、大変な働き者で、半年間私どもにいる間に随分貯金をし、私どもが店をやめたあとは貯金をもとでにおにぎり屋を始め、今ではソープランドの店を何軒ももって、大変な事業家になっているんですよ。

消毒液を置いたり、浴室に洗浄器を備えるなど、それまでに経験のないことばかりでしたけれど、でもともかく家の借金は返さなければならないし、食べていかなくてはなりませんので、頑張りました。ところが、娘がまだ四歳ぐらいで、「お母さん、どうしておねえさん、お風呂でおしっこするの」なんてききましてね、困ってしまいました。

値段の取り決めは、以前は妓夫太郎《ぎゆうたろう》やおばさんがしていましたが、戦後は女の人とお客の直取引《じか》になりました。お客からお金をもらうと、女の人が帳場に持って来て、女の人が六分、四分が帳場に入りました。六分のうちから、部屋代、布団代、食費などを店に払うのが普通でしたが、私どもでは、その人たちに食べさせてもらってるという思いがあるものですから、四分六分といえばもうそれ以上は何一つ貰わないようにしていました。うちの店の娘がよその女の人たちと吉原病院なんかで会うとそういう話が出ますでしょう。ですから業者の人に、「お宅でそんなことをすると、ほかの店が困る」って言われたことがありました。

店の娘には着物も貸してあげました。「馬子にも衣裳、髪かたち」といいますのに、そのころは着物が自由に買えませんでしたでしょう。ですから疎開してあったものの中から貸してあげると、「やっぱし、おねえさん、いいわねえ」なんて喜ばれ、返してもらうのもなんですから、「いいわよ、あげるわ」なんていうことになり、〝お貸しくだされ〟みたいなことになっちゃうんです。

でもとにかく、みんなよく働いてくれました。わずか半年の間に五万円の借金がほとんど返せたくらいですから――。

そういえば、女の子たちの間でひそかに昔から伝えられていたおかしなおまじないがあることをそのとき教えてもらいました。それは、お客さんがどうしてもこない日には、どうかお客さんが来てくれますようにって言って、道の四つ角に立ってパッと着物の裾《すそ》をまくってお尻を出すんですって。これは、人に見られるとおまじないの効き目がなくなるので、人のいないときを見計《みはか》らって四つ角に向かって走るんだそうです。みんな真剣だったんでしょうね。

でも、困ったことだの、失敗談なんかもあるんですよ。和代さんのお馴染《なじ》みの中に詐欺《さぎ》犯がいたんですけど、その人が来たときは、ちょっとした捕物帳でした。

北海道から数の子や鰊《にしん》などの海産物が汐留駅に入ることになっているから、到着の知らせがくるまでそちらで待たせてほしい、という連絡がそのお馴染みさんから入ったんですけど、それが指名手配中の詐欺犯だったんです。

それをキャッチした警察では、私どもに協力してくれっていうんですよね。警察にはもちろん協力は惜しみませんが、でも私どもの店から〝縄つき〟が出るのは困りますので、「のんき屋」さんというお雑煮《ぞうに》や蜜豆《みつまめ》を出してる店を待ち合わせの場所にさせてもらい、警察官が張り込みをして捕まえたのでした。

そうかと思うと、「女の人はいらないから、部屋だけ貸して勉強させてほしい」と言う学生ふうの男の人にだまされたこともあります。養母《はは》の着物を、行李《こうり》に入っていただけ、全部、持っていかれたんです。

「ぼくは埼玉県蕨《わらび》の者だけど、電車の時間がなくなっちゃったので、今から旅館に行くのもなんだから、ここに泊めて下さい」なんて言うものですから、「若いのに女の人がいらないなんて、今ごろそんな真面目《まじめ》な人がいるかしら」って私は感心してしまったんです。ところがそのころ、窓にはまだ桟《さん》が打ってなかったものですから、若い男は窓の下に輪タクの運転手を待たせておいて、たまたま鍵のあいていたつづらの中から養母の着物を取り出し、窓から輪タク屋に渡して、二人で逃げてしまったんです。着物は貴重品ですし、しかも行李に入っていたもの全部でしょう、口惜しいやら情けないやら。

「『女の人はいらないから』って言われて感心するなんて、よくよく、利子さんて甘いのね」と芸者衆に笑われました。

「でもよかったよ。盗《と》られたのが利子さんの着物じゃなくって」と養母は言いました。

「わたしは着物を着るなんて、これからはそうないけど、利子さんはこれからだものね。それに、着物なんてとても買ってやれないし……」

着物の大好きな養母がそう言ってくれるので、やっぱり養母は私のことを思ってくれてるんだな、ととてもありがたい思いでした。

料亭への転機

たった半年のことですのに、いろんなことがおこるものですから、もともと気のすすまなかった商売が一層気が重くなりました。

けれど、思いがけないときに転機がやってまいりました。

建物を設計する時点で、父は引手茶屋か料亭にするつもりでいましたので、私どもには当時では珍しい八畳間がありました。それで吉原で何か会合があるときは、この八畳間が使われていました。

あるとき、規則改正の相談事がありまして、役所の方たちとカフェー喫茶協同組合の役員、それと警視庁の風俗営業担当官が私どもに集まりました。ところがその担当官は、憲兵隊の塚本さんと一緒にみえたことのある方で、私の顔を見るなり「無事でよかったなあ」と言ってくださるんです。

「無事でよかったじゃないわよ。引手茶屋も料亭もできなくて、私たち、困ってるんです」

「だけど、どうしてこの商売してるの？」

「警視庁の許可がこれよりだめだって言われたんでしょうがないんですよ。一日も早く、昔からの馴《な》れた商売に戻りたいんですけどね」

「じゃ、そうしたほうがいいよ。なんとか骨折ってあげるから。引手茶屋ってわけにはいかないが、料亭として許可をとってあげよう」

と、こんなふうに言ってくださったんです。

おかげさまで、まもなく料亭として許可が出ましたので、女の人たちをよんで、廃業するという話をしました。

女の人三人と、私ども三人とで話し合ったすえ、こつこつ貯金をしていた娘《こ》は、貯金をもとでにおにぎり屋を始めることになり、字の上手な娘は、料亭をするとなると帳簿づけをはじめとして字を書く仕事もありますので、帳場として残ってもらうことにし、いまだにヒモと切れないでいる人は、商売をやめるわけにはいかないというので、他所《よそ》の店にお世話をしました。

このとき料亭として店を再開したのは、私どものほかに、金村さん、大忠さん、つるづたさん、大島屋さん、近半さん、治平さん、司さんでした。

ところが昭和二十二年六月一日、社会党を首班とする片山内閣が生まれますと、また私どもは料亭としての商売ができなくなったのでした。

今とはちがいまして、米も酒も統制品でしたから、食料品を扱う商売は自由ではなかったんです。大衆食堂は一般庶民のものだから許可するが、料亭は贅沢《ぜいたく》な商売だから、統制品である米や酒を扱ってはならない、ということなんですね。

それでまた私どもは商売ができなくなり、収入のない生活に入りました。

昭和二十二年はものすごいインフレの年でした。昭和二十一年の終わりごろに十キ口当たり六円だったお米の値段が、二十二年十一月には百四十九円になっていました。郵便切手が十銭から三十銭と一挙に三倍の値上がりでした。でも、物はまだ充分ではありませんから、闇商売は横行し、「あるところにはあるものだわね」という言葉がよく聞かれました。ただし、公定価格の何倍、何十倍もするのでした。

父も養母も世の中の取り決めに対してはきちんと従うたちで、特に戦争中、群長をしていた父は、どんなことがあっても警察のご厄介になるようなことをしてはいけないと、きびしく言っていました。

栗橋に住んでいる姉のところが地主でしたから、自分たちが食べずにお米や野菜をとどけてくれたり、革製品の製造販売の会社を経営しておられる駒形の山川さんが――山川さんは若い時分からの松葉屋のお得意さまで、奥さまともども、よくしてくださいました――お嬢さんの衣類などを娘にくださったりするので、なんとか一日一日を無事におくっておりました。

でも、山川さんのお世話になるばかりでは心苦しいので、せめてものお礼にと、家事の手伝いをさせていただくことにしました。大勢の職人を使っている山川さんでは、食事も洗濯も大仕事でしたから……。

私は朝早く起き、娘の手を引きながら、吉原から吾妻橋を渡り、歩いて駒形のお宅にうかがったものでした。そのころは日本中が貧しく、でも敗戦の痛手から立ち直ろうとして、みんなが働いていました。朝ですから、小屋の外にコンロを据《す》え、朝ごはんの煮炊きをする人々の姿があちこちに見え、焼け跡の向こうには、窓ガラスが割れそうなほどぎゅうぎゅう詰めの人を乗せて、国電が走っているのが見えたものでした。

そのころが私どもにとっては、一番苦しい時期だったように思います。

二十三年三月になると、片山内閣が総辞職し、芦田内閣が生まれ、規則が変わって、私どもでは再び、料亭として営業ができるようになったのでした。

金村さん、大忠さん、つるづたさん、大島屋さん、近半さん、治平さん、司さんも料亭を再開し、芸者のちゃらさん、栄太郎さん、乙女さん、一竜さん、せい子さん、小つまさん、明子さん、小初さん、みな子さん、歌代さん、うさぎさん、一郎さん、一力さん、初太郎さん、ほう年さん、金太郎さん、幇間《ほうかん》の忠七さん、半平さん、喜代作さん、喜久平さんたちも、橋場の橋場荘や新柳、隅田荘などへの遠出だけではなく、吉原の中でも仕事ができるようになりました。

そしてその前の年のことですが、実は、歌舞伎の舞台に、松葉屋の暖簾《のれん》を出していただくようになっていたのです。

松葉屋が料亭を開いてしばらくしたころ、久保田万太郎先生が先代の中村吉右衛門さんを連れてきてくださったのですが、吉右衛門さんはそのとき、松葉屋が再開できたことを大層喜んでくださいました。といいますのは、初代の吉右衛門の奥さんと養母《はは》が友だちでしたので、戦前から何かと贔屓《ひいき》にしてくださっていましたのに、疎開やら敗戦やら、引手茶屋の制度がなくなるやらで、松葉屋は一体どうなってるのだろうと、気にかけていてくださってたところだったのです。

それで二十二年、東劇に『籠釣瓶《かごつるべ》』という、吉原が舞台の芝居がかかったとき、舞台の暖簾を「西の宮」から「松葉屋」に替えてくださったのでした。

それまでは、書き割りの引手茶屋の暖簾は「山口巴」と「西の宮」に決まっていました。西の宮さんも山口巴さんも随分古いお店で、戦前の書き割りでは、上手《かみて》の茶屋が「西の宮」、花道のほうが「山口巴」という決まりだったのです。

けれど、西の宮さんは震災以来店を閉じられ、山口巴さんは空襲のときに、女将さんと一緒に隅田川のほうに逃げ、橋のところから飛び下りて、怪我《けが》をなさいました。伊東で静養していたのに、元気になられることなく亡くなられたのでした。

山口巴のご子息が市川子団次という、菊五郎劇団の役者さんですが、奥さんが芳町《よしちよう》の方ですので、山口巴の店を一時、芳町のほうでなさったことがあります。黒の板塀をめぐらした江戸情緒豊かないいお店で繁昌《はんじよう》していたのですが、役者と料亭は両立しないというのでやめてしまわれました。そのとき、山口巴のお客さまを、松葉屋では随分紹介していただきました。

歌舞伎の舞台に松葉屋の暖簾を出していただいたころから、舞台を見たお客さまが松葉屋のことを思い出し、懐かしがって来てくださるようになりました。どなたも、おみえになるなり、「松葉屋が無事でよかった」「女将《おかみ》さんも利子さんも元気でよかった」と言ってくださるんです。

中国、朝鮮、台湾、樺太と、引揚者が続々、日本に戻って来ているときでした。本土にいた人たちも、戦災で焼けだされたり、亡くなったり、疎開したまま地方に住みついたりして、知人はもちろんのこと、親戚さえ消息がつかめないというありさまですから、まして吉原の引手茶屋のことなどわかろうはずもありません。

「歌舞伎の書き割りの暖簾は、まるで、松葉屋は健在です、っていう標識《しるし》みたいね」と言って、お客さまとの再会を喜んだり、父や養母と一緒に、思いがけない幸運に感謝しました。

そのころの歌舞伎のことですけれども、焼け残った東劇、帝劇を足場に公演が始められ、三越劇場も使われるなど、かつて青年歌舞伎で活躍していた人たちを中心に、意欲的な舞台がくりひろげられていました。

ただ、歌舞伎には忠君をテーマにしたものがかなりあったために、GHQ（連合国総司令部）が好意的ではなくて、昭和二十年十一月、『菅原伝授手習鑑《すがわらでんじゅてならいかがみ》』が東劇で上演されたときには、GHQの命令で中止になりました。

とにかく、歌舞伎の上演は許されたものの『菅原伝授手習鑑』のような〝忠義もの〟や〝仇討ちもの〟は一切禁止になって、〝世話もの〟の一部や舞踊劇だけが許されていたのでした。でも、その禁止も少しずつゆるやかになって、二十二年十一月には、東劇で『忠臣蔵』が上演されることになり、七代目幸四郎さん、六代目菊五郎さん、初代吉右衛門さん、七代目宗十郎さんたちの豪華顔合わせで上演され、観客を熱狂させたものでした。

帰還

昭和二十三年三月、主人が日本に帰ってまいりました。

主人は現地で情報関係の仕事についていたので、三月十日の東京大空襲を早いうちに知り、本所、浅草方面は全滅したと聞いたものですから、とてもみんなは生きていないだろうと思っていたのだそうです。

九州には母親がいましたので、内地に引き揚げるなりそこに身を寄せ、戦前にしていた繊維の仕事にたずさわっていました。仕事の関係でたまたま京都まで行き、そこで主人と私とが出会うきっかけをつくってくださった野中さんに会って、私どもが無事でいることを知り、東京に戻ってきたのでした。

主人はハノイで現地召集になり、特務機関のようなところに配属されていたといいます。日本軍が敗退するときに主人は捕まってしまいましたが、なんとかして逃げようと、お金を監視人に渡したのだそうです。主人は背広の上着やズボンなど、ポケットというポケットにお金を突っ込んでおく癖があったものですから、それを監視人に渡して外に出してもらおうとしたのですね。ところが監視人は、お金を受け取るときはうれしそうな顔をするのに、いざとなると出してくれないんだそうです。それはそうですよね、捕虜を逃がしたのでは、監視人の落度になりますもの。

監視人は、逃がしてくれるどころか、剣突き鉄砲を突きつけてくるので、主人はいよいよ駄目かと思ったのですが、何げなく天井を見ると、人一人がすり抜けられるくらいの隙間《すきま》があるので、監視人がトイレか何かに行った隙に、そこから逃げたのだそうです。さすがの主人もそのときは生きた心地がしなかったといいます。

昭和二十五年には息子が生まれました。清一《きよかず》と名づけ、六人家族になりました。主人はそのころ、繊維の仕事から革製品へと切り替え、靴《くつ》、鞄《かばん》、バンドなどの製造販売を始めていました。

ところが、この仕事は仕入れと販売の面で思わぬ計算ちがいがあったのです。主人は職人さんたちに、靴や鞄の製造を依頼し、できあがったものを、読売新聞社や毎日新聞社の共済組合を通じて販路をひろげようとしたのですが、インフレの世の中であることが計算から抜けていたのでした。当時はインフレの勢いがものすごく、サラリーマンの生活は〝食〟が中心でしたので、靴や鞄を買っても、一時払いというわけにはいかなかったんですね。で、主人はほとんどの品物を月賦にしたものですから、代金はまともに入ってこず、それでいて、材料を買い、職人さんたちに工賃を払うとなると、収入よりも支払いのほうがいつも多くなるのでした。

主人が戻ってからは、私たち親子の生活費は松葉屋から切り離されていましたから、毎日のやりくりが大変でした。

でも、養母《はは》は私たちの暮らしぶりを見ていても、お金をまわしてくれるようなことは、一切しませんでした。そのころは養母も年老いて、以前のようにきびきびと動きまわることはなくなっていましたが、お金のことや、もののけじめについては、相変わらずきびしかったのです。

軍需景気と吉原の賑《にぎ》わい

昭和二十五年は、六月に朝鮮戦争が始まった年でございます。日本はアメリカに占領されていましたから、せっかく戦争が終わったというのに、また戦争に巻き込まれるのじゃないかと心配する人もたくさんいました。でもそのようなことにはならず、昭和二十八年七月には、板門店で休戦協定が結ばれました。朝鮮戦争の間、アメリカ軍の兵站《へいたん》基地になっていた日本は、ようやく戦後の不況から脱け出すことができ、「糸へん」「金へん」という言葉が生まれるくらい活気づいてきたものでした。

吉原も、戦後すぐに建てた小さい店や家を建て直すなどして、焼ける前に近いものに少しずつなっていきました。大華さん、稲本さん、ヱビスさん、ミナトさん、金波さん、七五三さんなど三百軒の特殊飲食店の業者が店を並べ、特需景気でふところのあたたかいお客が吉原を訪れ、街は戦後はじめての賑わいをみせるようになりました。料亭も九軒になり、昔からのお客さまに加えて、特需関係のお客さまや外人の方もみえるようになり、芸者衆も、遠出より吉原の中の仕事のほうが多くなりました。

世の中の様子も、このころになると随分変わりました。「ファッション・ショー」

がこのあたりから開かれるようになり、日本人か外人かわからないような綺麗なモデルさんが登場するようになりました。洋服を着ることのない私には縁がありませんでしたけれど、スカートの裾のひろがっているのをAラインとか、すとんとしているのをHラインとかいって、洋服の流行が話題になるようになりました。

浅草のストリップショー、新宿の額縁《がくぶち》ショー（今のヌードショーのはしりでしょうか、額縁の囲いの中に、下着姿の女の人がポーズをとっていました）、映画のはじめての接吻《せっぷん》シーン、パチンコなど、次から次へと話題にことかきませんでした。

でも、遊びにしても風俗にしてもどこかにアメリカのまね事みたいなところがあって、忠君愛国とか、打倒米英とか叫んでいた五、六年前がまるで嘘のような毎日でした。

そんな中でも、女はやはり吉原か玉の井でなくっちゃといって吉原にくる人が大勢いました。

たしかにそのころの吉原の娼婦は、街娼といわれていた人たちとはその雰囲気がちがっていたように思うんです。吉原だけではなく、玉の井にしても洲崎にしても、やはりそうだったのではないでしょうか。

その昔、〝廓《くるわ》〟といわれていた場所には、昔からのやり方が残っているのは当然で、そりゃ日本髪こそ結ってませんけど、長襦袢《ながじばん》に素足、白いお化粧といった形がやはりあって、街娼や青線の娼婦にはない小粋さがあったと思うんです。その小粋さが男の人たちにはある種の魅力だったのではないかと思うんですけど、どうなんでしょうか。それに、あのころには、まだ、家族を抱えている人たちも結構いたようでした。民主主義の世の中ですから、親に売られてきたわけでもなく、周旋人の口入れがあったのでもなく、自分の意志で入ってきた人たちにはちがいありません。でもやはり、戦前のとは形のちがう犠牲というのでしょうか、健気《けなげ》さというのでしょうか、それがあったように思います。

戦争のおかげで戦争未亡人が生まれ、外地からの引揚者も大勢いましたし、戦中戦後の栄養失調から家族が病気にかかる、という例もありました。

戦場からの帰還者や引揚者が溢れて、ただでさえ働き場所の少ないそのころ、女が家族を養っていける仕事というと、限られたものしかなかったのではないでしょうか。昔の〝遊廓〟でもない、今の〝ソープランド〟でもない、〝赤線地区〟の娼婦の生活が、昭和三十三年三月三十一日まで続けられたということになると思うんです。

そのころの娼婦たちは、かつてのおばさんに花魁《おいらん》たちが手とり足とりして教えられたほどには仕込まれてはいませんで、お客も自分で連れてこなければならなかったりで、ある面で昔の花魁よりは大変なところがありました。それだけに、お客を馴染《なじ》みにさせるのにどんな手だてがあるのか、〝媚《こび》〟についても自分なりの工夫がいった、と聞いています。ですから、一生けんめいな、いじらしいところがあったでしょうし、それでいて吉原や玉の井、洲崎などの昔からの土地の臭いを身につけている……。赤線地区の娼婦たちが戦後派の作家たちに愛されたのも、あの時代特有の臭いのせいではないかしら、と昭和二十年代の吉原の姿を追いながら、そんなことを思っておりま す。

養母《はは》の死

吉原が、戦後最高の賑《にぎ》わいをみせていた昭和二十六年、養母が亡くなりました。前の年の十二月、養母はしきりに温泉に行きたがりました。前々から熱海の水口園《みなくちえん》が好きで、出入りの幇間《ほうかん》さんや芸者さんと連れだって出かけ、マージャンなどをして骨休めをしてくるのを何よりの楽しみにしていました。

でもかかりつけの医師《せんせい》からは、温泉は身体によくないからやめるようにと、注意を受けていたんです。

それでも医師のおっしゃることをきかず、十二月に出かけ、一月になってまた出かけるといった調子ですので、主人も私もはらはらしていました。

案のじょう、朝起きて温泉宿の洗面所で顔を洗っているときに、血痰《けったん》が出たのです。さすがに養母は大慌《あわ》てで家に帰ってまいりました。

「利子さん、やっぱり行かなかったほうがよかったみたい」と、玄関先で私の顔をみるなり言うんです。気丈な養母ががっくり肩を落としているのでいやな予感がしました。

「何かあったの？」

「血痰みたいなものが出たんだよ。大丈夫かしらね」

だからいわないことはないんです。何はともあれ、医師に来ていただきました。温泉に行くと進行が早くなるので、それで止《と》めてくださってましたのに、温泉へ行かせてしまったなんて、恥ずかしくてなりません。

煙草《たばこ》の好きな人でしたから、今思えば肺癌《はいがん》だったのでしょうか。そのころはまだ、ストレプトマイシンが一般には出まわっていませんでしたが、田辺製薬の市川さんがお客さまで来てくださっていましたので、お願いをし、分けていただきました。それを主治医の先生に打っていただいたのですが、はかばかしくいかず、今年いっぱいもつかどうかわからないというお話でした。

入院したらどうかしら、と言いますのに、養母は、どうしても吉原のこの家から離れたくないと言ってききません。それで家で看病することにし、養母の姉や私の姉に交替で看《み》てもらうことにしました。

伯母も姉もよくしてくれるんですけど、でも当然のこととして看護の中心は私でした。

そのうちに腹膜炎をおこしたり、皮膚と皮膚の間にバイキンが入って血の入れかえをしたり、しばらく、大変でした。

困ったことには、前の年に生まれた息子がまだ乳離れしていませんので、病人のそばでお乳をやらなければなりません。でも医師は絶対に病人のそばに赤ん坊を連れてきてはいけないとおっしゃるので、思い切って授乳をやめることにし、乳首に絆創膏《ばんそうこう》を貼《は》りました。それでも吸いつこうとするので、次には唐辛子《とうがらし》をつけました。さあ、今度は大変でした。とんで抱きついてきた子どもが、乳首にふれるなり、火がついたように泣きだしたんです。

それを見た父が、「おまえは鬼か」って、それこそ鬼のような顔をして怒るんです。なんとも悲しそうな泣き声を聞きながら、悪いことをしたなって思いましたね。

その時分は、赤ん坊には一年ぐらいお乳を飲ませるのが普通でしたが、七か月ぐらいから離乳食にかかりました。離乳が完全にできたころから、子どものことはばあやさんに頼んで、私は養母の看護に専心することにしました。

昔から身嗜《みだしな》みのいい養母でしたから、どんなに具合の悪い日でも、朝、目が覚めると、床の上に起き上がって、きちんと髪を結わせるんです。外出のときは鬘《かつら》を使っていたくらいですから、髪は随分薄くなっていましたが、それでも丁寧に櫛《くし》を入れ、枕にさわらないように上のほうで束ねるようにしました。

気分のいいときには起き上がって背筋をしゃんと伸ばし、哥沢《うたざわ》を口ずさんでいました。

でも、病気とともに口のほうがわがままになりまして、アイスクリームは資生堂でなければいや、万惣《まんそう》の西瓜がすぐにも食べたい。パンは木村屋のもの。茅場町の昭和通りに常盤木というお菓子屋さんが今でもありますが、そこの鶯餅《うぐいすもち》を買ってきて、なんていちいち注文するんです。

関東大震災や太平洋戦争を経験したといっても、それ以外はいい時代に茶屋の女将《おかみ》として生きてきた人ですから、病気になるとわがままが出ちゃうんでしょうね。

わがままといえば、以前には考えられなかったくらい、ひがみっぽくもなりました。

主人のほうの仕事がはかばかしくないものですから、よくよく面白くないときなど、主人が会社を休んじゃうんです。会社に出かけているはずの主人がいますと、「あんたたちはこの店を自分たちのものにしようと、わたしの死ぬのを待っているんだろう」なんて言います。やはり生《な》さぬ仲なのだろうかと情けなくなりまして、「いやだ、いやだ、いっそ出ていっちゃおうかしら」なんて私が短気を言いますと、主人が「病人の言うことをいちいち本気にして怒ってはいけない」って嗜《たしな》めてくれるのでした。

五月十二日は息子の清一のはじめての誕生日ですので、私どものしきたりどおり、庭でお赤飯をふかしました。店を手伝ってくれてる人が総出をして、病床の養母からよく見えるところにへっついを置き、薪をくべてお赤飯をふかすんです。

そういう昔の行事を大事にする人でしたから、養母は床の中から、顔を庭のほうに向け、にこにこしながら、温気の上がる蒸籠《せいろ》や人の動きを見ていました。

ところが、それから五日後の十七日、父が脳溢血で寝込んじゃったんです。

主人が勤めに出る前ですから、七時半ごろだったと思います。突然お手伝いさんが「大旦那さんが大変です」って叫ぶんです。主人がトイレに駆け込みましたら、父がトイレの柱に、やもりみたいな格好で摑《つか》まっていました。そのころの主人は、体重が七十キロから八十キロぐらいあって、体力もありましたから、そのまま抱えるようにして布団まで運びました。

脳溢血と診断されたんですけれども、バタンと倒れたのではなくそのまま静かに寝かしたのが処置として適切だったようで、父のほうは、身体が動かせるようになるのに半年はかからないだろう、と医師はおっしゃってくださいました。それからは父と養母は、一つ部屋に布団を並べて寝ていたんです。

養母が重病のところへもってきて、父までが倒れたものですから、いろんな方が心配してくださいました。

その中に堀留の喜多川さんという方がいまして、この家に何か悪いものがいるんじゃないかというので、上田霊光先生と小熊先生の、二人のお祓《はら》いの先生を連れてきてくださったんです。

そのとき、小熊先生がおっしゃるには、浅草の三社さまの裏側に被冠稲荷《ひかんいなり》さんがあるので、その被冠稲荷さんを先に拝み、それから観音さまを七の日ごとに、つまり、七日、十七日、二十七日と夫婦揃っておまいりをすれば、あなたの思いどおりになります、ということでした。それを養母が病床で聞いていまして、「夫婦でおまいりしてきてちょうだい」って言うんです。それまでは、私と主人が一緒に出かけることを養母は許してくれなかったのですが、おまいりだけは別でした。

養母の病気は治りませんでしたが、父はそれから三か月後に起き上がり、歩けるようになりました。左足を少し引きずってはいましたが、話すことは人並みになりました。

ある日、養母は主人と私に「松葉屋は古い暖簾《のれん》だけれど、わたしが死んだら、もう、やめちゃっていいいんだよ」って言うんです。

「あら、どうして」と私が申しますと、「あなたも今まで随分よくやってくれたけど、清さんも子どももいることだし、それに商売って難しいものでね。松葉屋はもういいから、清さんの仕事のほうに力を入れるといいよ」と言います。

「でもお母さんが一生けんめいに築いてきたお店じゃありませんか。なくしちゃうなんて、考えたこともないわ」

養母とそんなやりとりをしていましたら、居合わせていた湯河原の叔父が、「料亭なんて、暖簾さえあれば、バカでもできる」って、こう言うんです。私も庚《かのえ》の申《さる》ですから、ぐっときましてね、「そうですか。叔父さんにはお子さんがあるし、お養母《かあ》さんのお身内ですから、どうぞお子さんにおやらせになってください。わたしは、養母《はは》が商売をやめてもいいって言ってますから、身を引かせていただきます」って言っちゃったんです。

そしたら養母が心配して、「なにもそんなに難しいことを言ってるんじゃないんだよ。ただ、お前も大変だろうと思い、無理してまで店を継ぐことはないんだから、気楽に考えてほしい、ってことなんだよ」と言ってくれました。

そんなことがあって、十月二十六日の朝でしたが、養母が急に皆さんに会いたいって言うんです。

「今まで、いろんな人にお世話になったので、皆さんにお礼が言いたいんだけど……」

「お礼はお母さんが元気になってから言えばいいんじゃないの」

でも、さすがに気になりまして、主人に相談しました。そばにいた伯母が、「利子さん、いいんだよ。病人はわがままで言ってるんだから、気にすることないわよ」と言ってくれました。ところが主人は「病人が言ったことは、すぐに実行してあげなさい。でないと悔《く》いが残るよ」と申しました。

では、というので、まずお世話になったのは医師方《せんせい》だから、お忙しくなかったら来てくださいとお願いをしました。夕方近く、宮入先生、佐々木先生、それと水野先生が揃って来てくださいました。姉と姉の夫で医師の松原勉義兄がそこへ入ってきました。

すると、東京にいるはずのない、桜川忠七さん、一竜さん、乙女さんが入ってきたんです。三人は、二日前からお客さまのお伴をして沼津に行っていて、まだ帰ってくるはずがなかったのです。

「あら、あなたたち、帰りは二十七日じゃなかったの？」と申しましたら、「そうなんだけど、急に女将さんの顔が見たくなっちゃって」って、こうなんです。

まもなく、半平さん、喜代作さん、喜久平さんが「どうです、女将さん」て、いつもの様子で来てくれました。しょっちゅう温泉に出かけてはマージャンをしていた養母のマージャン仲間たちでした。

それと芸者衆の歌代さんとほう年さん、おくにさん、おさいさん、養母の姉、それに主人と私、それだけが母の病床を囲んでいました。

しばらくして、日本堤の土手に角やさんてふぐ料理屋さんがあるんですけど、その角やさんが頼んであったふぐ料理を持ってきて、みんなの中に加わりました。そこへ湯河原の叔父が椎茸《しいたけ》を持ってきましたので、椎茸ご飯を炊き、養母を囲んでの賑《にぎ》やかなパーティーとなりました。

養母はやがて、一人一人の顔を見ながら、お礼を言いました。一番あとで、主人に向かって「利子をくれぐれも頼みますよ」と言うんです。

それから、何を思ったのか「さのさ」を唄いはじめました。

「これやこの、いくもかえるも別れては」という『勧進帳』の名せりふがありますでしょう。それを「さのさ」にしたのがあるんです。「おちていきます、陸奥《むつ》の国」というのが下の句なんですけど、芸者衆も幇間《ほうかん》もいるのに、なぜか下の文句が出てこないんです。

「なんだっけなあ、おかしいなあ」

「はじめから唄えば出てくるかもしれない」

それでは、と「これやこの、いくもかえるも別れては」と前に戻るのですが、終わりにくると、また、つかえてしまいます。そんなことで、みんなして堂々めぐりをしましてね。

ころ合いをみて皆さんが帰られたのですが、その後、子どもを寝かしつけていますと、母のそばにいた主人が「お前ね、ちょっとへんなんだよ」と言います。

「さっきから電気のところを、ブンブン、何かとんでるんだよ」

行ってみましたら、トンボなんです。

「トンボじゃありませんか。でもトンボの時季っていったら、九月でしょう。十月なのにどうしたのかしら。迷い込んできたにしても時季外《はず》れねえ。明日の朝になったら、逃がしてやらなくっちゃ」

そんなことがあって、あくる朝の九時三十分、養母は亡くなりました。

みんなとお別れのパーティーまでして、もう思い残すことはないといってましたが、でも母が亡くなってすぐに、「さのさ」の下の句が、皆さんの口からすらすらと出てきたんです。

「こんなにわかりきった文句が、どうして昨夜は出なかったんだろうね」

「女将さん、まだ死にたくなかったんだねえ」

みんなそんな話をしながら、トンボを逃がしてやったのでした。

父が三十三年三月四日に亡くなったのですが、四日の命日にトンボが玄関に入ってきたことがあるんです。三月ではなく十月なんですけど、でも命日の四日の日に。そのときは二匹だったものですから、なにか夫婦のトンボみたいで不思議な気がして、見ていると胸が熱くなってくるのでした。

五章　新しい時代に向かって

赤線の中で松葉屋を続ける

養母《はは》は亡くなる前、松葉屋は私の代限りでいいんだよ、と言っていましたし、湯河原の叔父との間にもちょっとしたトラブルがありましたが、私はやめることまでは考えていませんでした。

昭和二十三年に料亭として再出発してからは、戦前のお客さまにさらに新しいお客さまと、随分多くの方に利用していただいていましたので、それを自分勝手にやめるのはとてもできないことでした。

そうはいっても私はまだ三十歳を過ぎたばかりで、養母のように店を切り盛りしていく自信などありません。寝ついているときでさえ、松葉屋の中心といった感じだったのですから、やはり養母は女将《おかみ》としてえらかったんだなあ、と何かにつけて感心していました。

そんな私の心細さを察してか、何人もの方が私を力づけてくださいました。

堀留の尾張屋さんは、松葉屋の前の八幡屋さんのころから出入りの酒屋さんですが、「あんたのうちは親子五人だから、旦那の力で食べていけるかもしれないけど、松葉屋で食べている人が、それこそ百人もいるんだよ。その人たちの生活がかかっているのに、やめるなんて簡単に思っちゃいけないよ」って、これは養母の通夜の席で言ってくださったんです。

こちらもやはり堀留の人ですが、風呂敷の商売をしておられる喜多川さんが、「あなたはまだ若いから何かにつけて苦労があることと思うから、私ども夫婦が矢面に立ってあげましょう。だから心配しないで松葉屋の仕事を続けなさい」なんて言ってくださるんです。

父が病気でしたから、それからのことは喜多川さんに相談しまして、これならやっていけるという見通しがついたのでした。

主人は養母の葬儀の終わった日から、きっぱりと革製品の仕事をやめました。そして、あくる日から店の下足番《げそくばん》を始めたのでした。

それまでは、「なんだ、お前の亭主はすれちがっても挨拶《あいさつ》をしない。頭《ず》の高い男だね」と私に向かっておっしゃるお客さまが何人もいました。私は波風を立てないようにと、「そういうことのできない人なんですよ。肚《はら》の中はさっぱりした人なんですけどねえ」なんて言い方をしてたんです。

その人が、養母の告別式がすむと、翌日から毎朝神棚の水をとりかえ、お灯明を上げ、仏さまにもお線香をあげるというふうに変わり、それが終わらないうちは食事をしないようになったんです。

下足番の仕事をするにも真剣でした。お客さまは下足番だと思ってるから、二百円、三百円とチップをくださるんですね。お客さまに恥をかかせてはいけませんから「ありがとうございます」とお礼を言って頂戴し、お金は若い子たちに「蜜豆《みつまめ》でも食べておいで」なんて言って渡していました。

主人は、これからの松葉屋のために、広い部屋を建て増しすることを考えました。戦災に遭《あ》うまでは、松葉屋には二十畳の部屋と五畳の舞台があって、それがお客さまに好評いただいていたのですが、そのときは、八畳が一部屋と六畳二部屋と、それだけがお客さまを迎える部屋になっていました。

主人はどうせ建て増しをするなら大きいほうがいいと言って、三十畳の部屋を造ることにしました。そこへ、十畳の板の間の舞台を昔のように取り付けるのです。普請《ふしん》は養母の一周忌が終わった二十七年十月二十八日からかかり、二十八年に完成しました。

「はとバス」コースにのる

朝鮮戦争の特需景気以来、世の中も全体に落ち着いてきまして、衣食住中心の暮らしから娯楽にも関心がいくようになりました。

東京都の「青バス」が「はとバス」と名称を変え、観光バスとして都内を走るようになったのは、昭和二十七年のことでした。

それがまだプランの段階であったころ、江戸町一丁目のつるづたさんが、観光バスを吉原に乗り入れることを思いつかれました。それで東京都に許可願を出されたのですが、東京都と都バスのほうは話がうまく進んだのに、運輸省が難色を示し、許可が下りませんでした。赤線地区に観光バスを乗り入れるなんてよろしくないというんですね。

「はとバス」乗り入れの許可が下りないので、つるづたさんは料亭もやめ、建物も手放してしまうことにしました。そのことをつるづたさんから聞いた主人が、それでは建物を私どもで買わせていただきましょう、と申し入れをしたのでした。

それから主人の役所通いが始まりました。

主人は以前繊維の仕事をしていましたころ、繊維は統制品だったものですから、役所にたびたび出かけ、お役人と何度もかけ合った経験がありました。ですから役所をそれほど気の張る所とも思わなかったうえに、たまたま観光局長と面識がありまして、観光局長さんから運輸局長の梶本さんを紹介していただいたのでした。

「俎上《そじょう》の鯉は、一度俎《まないた》の上にのせられたら、もう動かないんだ。ぼくも俎の上にのってしまったのだから、頑として動かない」と申しまして、最後までその度胸で押し通しました。

「昔から吉原にはあらゆる芸事が集まっていて、いわば江戸文化発祥の地。その伝承芸能として、芸者や幇間《ほうかん》は価値のあるものなのに、いまや時代の流れによってそれが消えようとしています。はとバスの観光路線をいただき、お客に見てもらうことによって、江戸文化を理解していただく方向にもっていきたいのです」と、このようなことを力説しながら、とことんまで食い下がったらしいのです。

事実、主人は江戸文化の発祥の地である吉原に、前々から深い関心を抱いておりました。吉原に育った私でさえ、戦前までの吉原のしきたりや、吉原に暮らしていた人

ありし日の松葉屋玄関先のたたずまい

たちを懐かしく大切なものに思えますのに、外地暮らしの多かった主人には、何度か目にした戦前の吉原に、江戸の名残《なごり》の美しさを見て、それがとても心に残っていたようでございます。それで仕事のかたわら、三田村書房からいくつか出ている吉原関係の本を読んだり、久保田万太郎先生がおみえになれば、久保田先生からお話をうかがうなどして、一層愛着を深めていったもののようでした。

役所の許可が下りるまでは、と主人は願《がん》かけをしまして、それまではみんなを連れて食事に行くことが大好きな人だったのに、子どもを連れ出すこともしなくなりました。

で、二十八年四月、とうとう運輸省から許可をいただくことになりました。「はとバス」とのつながりもまもなくでき、松葉屋の前にバスを停めてもいいことになったのでした。

当時、「はとバス」の料金は、一人八百円でしたが、そのうちの一割を松葉屋がいただくことになりました。時間は午後六時からで、伝承芸能としての「芸者衆のお座敷芸と幇間の手踊り」をお客さまに見ていただくというプログラムができあがりました。

戦前の引手茶屋でのお遊びは、六畳間ぐらいの小座敷で、お客さまも二、三人か、多いときでも四、五人でした。芸者衆の三味線と唄に合わせて若い妓《こ》が踊り、太鼓持ちが珍芸をご披露《ひろう》しました。ところが「はとバス」コースになって大きなお座敷になり、お客さまも七、八十人ともなりますと、しんみりとした三味線だけでは賑《にぎ》やかになりません。それで、太鼓《たいこ》、小鼓《こづつみ》、大鼓《おおかわ》が三味線に加わり、賑やかな『騒ぎ』という曲をおきかせすることになりました。これがお座敷芸でございます。

ところが張り切っちゃったもので、思わぬ失敗をすることになりましたの。

広間で芸を見ていただくために、若い子に芸を覚えてもらおうと思いまして、運転手さんやお手伝いさんの子どもの中で芸事の好きな子を集め、うちに来てもらったんです。中学一年から二年の子どもが六人でしたが、主人が、芸事をするには型を覚えるだけではなく、基本をしっかり身につけなくてはいけないと申しまして、芸者のみな子さんにお座敷芸のお稽古《けいこ》をつけてもらったんです。合宿のような形にして、ここから学校に通うようにしましてね。すると松葉屋には小さい子が何人もいるって投書した人がいて、警視庁で調べられたんです。売春でもさせているんじゃないかって思ったらしいんですね。

芝居に子役があるくらいですから、十三、四の女の子たちが日本舞踊を踊ったり、お三味線を弾《ひ》いてもいいだろうと思い、あまり深く考えなかったんです。そうしたら、十八歳未満というので風俗営業法にひっかかっちゃったんです。お金で縛ってるんじゃないからって、説明したら、わかってはもらえましたけれども……。

芸者衆は、おちゃら姐さん、栄太郎姐さん、乙女姐さん、おちゃら姐さんの娘さんの米子さんが帰ってきてくれました。小初さんの家から初太郎さん、一郎さん、治平さんの家から芳江さん、うさぎさん、一力さん、また小槌姐さん、喜多子さんにも来ていただき、吉原に前々からいた人たちが遠くから集まってくれまして、ですから華々しい舞台開きになりました。

それが昭和二十八年の八月十四日。養母の母、私にとっては祖母の命日の日でした。舞台開きには、まず、土地の方たちをお招きしました。「はとバス」コースの舞台ができるようになったのは、吉原という土地があったからこそであり、実現にこぎつけたのも、土地の方たちのお力添えがあったからだと主人が申しまして、それで皆さんに来ていただいたのでした。

堀留の喜多川さん、尾張屋さん、金村さん、つるづたさんにも来ていただきました。

そのときの演《だ》し物は、母が哥沢《うたざわ》を習っていたときの姉妹弟子で、哥沢のお師匠さんである芝園さんが唄を、家元の芝勢以さんが三味線で、『住吉』を娘の富久子が踊りました。長唄の『島の千歳《せんざい》』は、唄が芳村伊十郎さん、杵屋《きねや》栄蔵さんと栄津雄さん

（現、松島庄九郎さん）が三味線、吉原のお師匠さんの望月孝太郎さんが鼓、猿若清方先生が舞いを舞ってくださいました。

吉原の芸者衆は『三番叟《さんばそう》』でして、ぽんちゃん、みな子さんが後見で、おちゃら姐さんの娘の米子さんに『翁《おきな》』を、『千歳《せんざい》』を小きみに踊ってもらいました。おちゃら姐さんは、かなりの高齢だったのですが、吉原の大切な「木遣《きやり》」の音頭をとってもらい、町内の人たちからやんやの喝采《かっさい》を受け、おかげさまで立派な舞台開きができました。

「売春防止法」の実施

戦前の吉原遊廓が戦後の赤線地区となり、その赤線地区も、いよいよその幕を閉じることになりました。

赤線地区〝よしわら〟が消えた日の、昭和三十三年二月二十八日の夜の暗さを、私はいまだに忘れていませんが、でもその当時、「売春防止法」という法律のことや、明治時代からあった廃娼運動のことを詳しく知っていたわけではございません。で、いまこうして昭和の吉原の、そのときそのときを追っていくに当たり、当時のことをいろいろと知りたいと思いまして、今になって本を読みかじったり、そのころの事情に詳しい方にお会いし、お話をうかがうようになり、吉原がなくなるについてのいきさつが少しずつわかるようになりました。やっと吉原という地域を外側からみることができるようになった、ということでしょうか。

いま、私が感じておりますのは、やはりご時世だったのだなあということでございます。

戦後、民主主義の世の中になって、女の人の人権が尊重されるようになり、戦前にあった身分の区分や、男と女の差別が取り払われ、仕事の機会も平等になり、自由恋愛ができるようになったのですね。

ちょっと話はかたくなりますけど、この「売春防止法」といいますのは〝売春は女性の人権を侵すことであり、性道徳にも反し、健全な社会秩序を乱すものだから、売春を助ける行為を罰するとともに、売春を行うおそれのある女性には生活の保障や更生の道を講じ、売春の防止を図《はか》る〟ことを目的としています。

そしてここでいう〝売春〟とは、〝婦女が報酬を受け、また受ける約束で、不特定の相手と性的関係をもつこと〟とされ、〝売春〟は何人といえどもこれを行ってはならないし、また、〝売春〟の相手になってもいけないとされています。

売春防止については、戦後、婦人議員が誕生したこともあって、何度も国会でとり上げられてはいたのでした。

昭和二十一年に、連合軍最高司令部から〝日本の公娼制度に関わるいっさいの法規を廃止するように〟というお達しがあり、これが、いわば売春廃止への一段階だったのではないでしょうか。そのあと、昭和二十三年の国会に「売春等処罰法案」が提出されています。売春にかかわった者を罰するという法律なのですが、審議未了となり、二十八年にも同じ法案が出されましたが、同じく審議未了、翌年のその後の二回の国会にも、婦人議員から同じ法案が出されましたが、これも審議未了となったということです。

ところが鹿児島県で、女子高校生を土建汚職に利用する事件があって、これが発覚したり、東京大田区の少女売買事件が、逃げた女の子の訴えから明るみに出るなどして、人身売買事件が相次いで報道されるようになり、売春についての論議が日を追ってたかまってまいりました。そうした世論を背景に、ふたたび同じ法案が国会に出されたのですが、反対多数のために否決されました。

けれども、このとき政府では〝売春問題対策の協議会〟を設けまして、売春の防止や取り締まり、女の人たちの更生などについて具体的に検討をし、三十年になって、内閣総理大臣にあて「いわゆる売春問題対策について」という答申が行われました。

そして三十一年五月の国会に、政府のほうから、この答申にもとづいた「売春防止法」が提出され、五月二十一日に可決成立し、二十四日には法律として公布されることになったのでした。

そして昭和三十二年四月一日から施行、刑事処分については三十三年四月一日から施行されることになったのでございます。吉原では、三十三年二月二十八日に店を閉じることに決まりましたが、何軒かの個人営業の店は三月三十一日まで店を開いていました。

このように、外では赤線地区をなくするために一生けんめいだというのに、吉原では一部の人たちを除いては、わが身にかかわることとしてピンとこない人たちが、多かったようでございます。なにせ徳川幕府公許の遊廓として誕生して以来、三百余年にわたって一種の保護区として代々伝えられ、その中で生活してきた人たちですから、世の中がどんな方向に向かって変わりつつあるのか、赤線廃止がいよいよ本決まりになるといって世の中が騒いでいるときでさえ、吉原がどういう立場に立たされているのか、まだよく摑《つか》めていない面があったのではないでしょうか。

こんなことがございました。

そのころは亀戸などほうぼうで、地下工事のために地下が掘られていましたが、昔はそのあたりが海だったのか、塩気を含んだ温水が出たんです。それで吉原でも掘ってみたらどうだろうというので、今、千束《せんぞく》児童館になっている場所が三業の事務所だったのですが、三業組合の理事長だった鈴木明さんや組合の方々がそこを掘ってみたんです。そうしましたら、ほんとうに摂氏六十度の温水が出たんですよ。私どもでもそれをうちまで引かせてもらったものですが、赤線がなくなるなら、投資をして、吉原温泉にしたらどうだろうかという話が出たことは出たのです。

でも、大昔から、公許の遊廓だったし、戦争中や戦後はお国に協力をしてきたし、税金は公明正大に納めてきたのだから、たとえ売春防止法という法律ができても、一年か二年たてば、また許されるようになるのじゃないか。それまでの収入で一年や二年は食べていくだけの余裕があるということで、せっかく出た吉原温泉の話もたち消えになってしまったのでした。

温泉の話の次に、吉原に野球場を造ったらどうだろう、と相談会がもたれたこともあるんだそうです。同じ娯楽施設でも球場だと健康で明るいイメージがあります。野球熱が高まる一方のころだったので、随分賛成者があったのですが、いざ動き始めようとすると、吉原地区には何人もの地主がいて折り合いがつかず、結局、吉原球場は夢だけに終わってしまい、三ノ輪に東京スタジアムができることになりました。

なんにしましても、吉原に昔から住んでいた人たちは、それまで新しい事業に取り組む必要などなかったものですから、まして共同の事業となるとうまくことが運べなかったのかもしれません。

職業として一番手っ取り早くできそうなのは、部屋と布団がたくさんありますから、旅館業でした。修学旅行の団体とか、炭鉱離職者に利用してもらうのです。当時は工業用エネルギーの切り替えから、炭鉱閉鎖がほうぼうでありました。職を求めて上京する炭鉱離職者の人たちに、手ごろな値段で利用してもらおうというわけです。

それで百二十軒の業者が旅館業の許可をとり、九十一軒が実際に営業を始めました。旅館を始めるからには調理士の免許をとっておいたほうがいいだろうと、衛生局員を呼んで講習を受けるという、前向きな姿勢の店もあったりして、修学旅行のバスも吉原に来たことがあるんです。

ところが、あんまさんを呼んだり、男女のアベックが休息する連れ込みの旅館も出てきたりして、団体さんが完全に吉原から離れてしまいました。いかがわしいことをする店が、十軒のうち、たとえ一軒だけだとしても、団体さんは離れてしまうのですね。

このほかにアパートやお好み焼き屋さんを始める人もいれば、この際だから土地を売って、よその土地に行こうという人も、かなりいました。

親が貸座敷から戦後の赤線へと店を続けてはきたが、ものの考え方が変わり、息子としては仕事に一生けんめいになれないばかりか、吉原の土地に対して批判的な気持ちをもっていて、これを機会に吉原を離れようと決心した人もいました。そのために、土地は足元を見られて安く買いたたかれ、そうして安く買いたたかれた土地の上に、今のソープランドの街ができあがっていくことになったというわけです。

でも、なんといっても一番大変なのは、赤線で働いていた女の人たちでした。いざ赤線がなくなると、その先をどのように考えていいのか、見当のつかない人が随分いたようです。ミナトさんの女将《おかみ》さんは、そのころ食堂で女の子たちがこんな話をしていたと話してくれました。岩手県水沢出身の女将さんは、空襲のあと故郷へ帰した女の子が、何人も女将さんの疎開先にまで押しかけて一緒に暮らしたというほどの、いかにもお母さんという感じの人で、女の子たちは、女将さんに安心して自分たちの悩みごとを相談したりする、というところがあったのでした。

女の人の一人が言うには、お汁粉屋で会った子が、新宿のバーに行く先が決まったといって、いばっていたというんです。

「器量がいいから新宿のバーに行きますわよ、って顔をして言うものだから、憎らしくって」

「それよりも、あんたのほうがずっといいじゃないか。所帯をもてるんだもの」

「それはそうだけどさ」

と、こんな会話が交わされていたのだそうです。その女の子の馴染《なじ》みが、赤線廃止が決まったときに「結婚しよう」と言ってくれたのでした。相手が堅気の男の人だと女将さんはわかっていたので安心していたそうですが、そんなとき一緒になろうという男の中には、明らかにヒモになるのを狙っている男の人もいたとか。

バーに行く先が決まった娘《こ》は、十九歳と年も若く、器量も良くて、身の振り方としては仲間たちに羨《うらや》ましがられる口なのだそうですが、温泉旅館に働き先が決まった娘、店が旅館をするので引きつづき旅館の手伝いとして勤める娘、飲食店に行くことが決まって、お客に必ず店に来てくれるようにと頼んでいる娘、故郷《くに》に帰りたいと手紙を出したのに、近所に外聞が悪いから、帰ってこないでどこかそちらのほうで働き口を探すように、と返事の来た娘、これから先の一年を稼ぎに稼ぎまくってうんとお金を貯《た》め、商売をするという娘など、女将さんの耳に入ってくる噂《うわさ》はさまざまでしたが、家族を養っている娼婦の話もいくつか聞こえてきました。

B子さんは戦争未亡人で、二人の子どもを両親に預けて吉原で働いていたのですが、子どもの一人が小児結核で、どんなに少なくても二万円は送金しなければならないのだそうです。

当時、女子事務員の給料が八千円から一万円でしたから、二十半ば過ぎ、または三十過ぎの女の人が新しく職についても、とても今までのようなお金を貰えるはずもありませんし、第一、働き口だってそうそうあるものではありません。

病気の夫を抱えていたり、職のない親に仕送りしている娘も、戦争前と変わらず、赤線にもいたのでした。

結局、その人たちは身体を売るしか家族を守る方法がなく、娼婦の道を選ぶしかなかったといいますし、娼婦になった人の中には、せっかく故郷へ帰ったのに、故郷の人たちが、あれが赤線から帰ってきた娘だと、聞こえよがしに言うので、いたたまれずに東京に戻ってきたという例もあります。

一方、廃娼運動を推し進めてきた人たちにとって、昭和三十三年三月三十一日は、日本から完全に公娼制度が消えた日として、記念すべき勝利の日だったことでしょう。

廃娼運動が組織的に行われるようになったのは、明治になってキリスト教が入ってきてからだといわれ、昔、救世軍が吉原の廓《くるわ》の中に入ってきて、太鼓を鳴らしながら花魁《おいらん》たちに自由廃業をよびかけていたことがあったと年配の方から聞いたことがあります。なんでも、救世軍の矢吹大尉が、総勢十一人で大門《おおもん》から吉原に入り、仲之町通りを行進して、角町の会所の前で演説をしたということです。明治三十三年のことだそうですが、それより前の、明治十九年には矢島楫子《かじこ》さんが婦人矯風会をつくって、娼妓の廃止を宣言し、強い立場で廃娼運動を展開しました。

花魁自身が自由廃業を訴えたこともあるように聞いていますが、花魁道中を廃止にまで追い込んだ〝白縫《しらぬい》事件〟は、華やかな花魁道中のときの事件だけに、随分話題になったようです。

明治時代になって行われなくなっていた花魁道中が、大正三年、大正博覧会を機に吉原のデモンストレーションとして行われたというのですが、このとき、稲本楼の花魁〝白縫〟が太夫として選ばれたというんですね。大勢の見ている中を、髪形も美しく、艶《あで》やかなかけを羽織り、大勢のお伴を従えて道中するのですから、花魁としては大変に名誉なことと思われていたのに、白縫は、重い髪を結わされ、重い衣裳を何枚も着せられ、重い下駄で引きまわされたのは、明らかに奴隷的虐待であるとして警察に自由廃業を訴えてでたのです。花魁は前借金で縛られていてお金の貸借関係こそありますが、道中を強制できるという条文は法律にはなく、白縫はそこをついたのですが、さすが、高等女学校出の花魁だけはあると、いわれたものだそうです。白縫は訴えによって自由廃業が許され、それからのち、花魁道中はとりやめになりました。

廃娼運動というと、この白縫事件のことを私は思い出すのでございます。

また、戦後、廃娼運動を推し進め、何度か吉原にもお見えになった婦人議員さんたちとして、赤松常子さん、藤原道子さん、市川房枝さん、神近市子《かみちかいちこ》さんなどのお名前を、私は記憶しております。

赤線最後の日、吉原のお客だった男の人たちはどんなふうだったのかしらと、そのころの週刊誌を探してみました。

昭和四十八年、八月二十七日発行の週刊文春をみつけることができたのですが、それには、赤線最後の吉原の様子が、漫画家や作家によって語られていました。

娼婦千人斬りを、そのときすでに果たしていたK氏の話。

「吉原に行ったら、これがなんとタダなのよ。馴染みの客でもないのに、今世紀最後だからとサービスしてくれたうえに、朝メシまで食わしてくれたのよ」

漫画家のT氏。

「三月二十七日に行ったら真っ暗で、まるで停電のときに外を歩いているような感じ。通っていた〝太夫《たゆう》〟という店に行ったら、もう馴染みの子もいなくて、これでいよいよ終わりだなと感じました。別の店で、少し頭の弱い子と泊まったんだけど、この子が〝最後だからダンスやろうよ〟というんです。それが物悲しかったなァ」

風俗評論家のY氏。

「朝、客が歯をみがくというと、ちゃんとついて来て、濡れないようにゆかたの袖を持ってくれたりするんです。演技とはいえ、客はこうした動作に感激するんですよ」

作家のH氏。

「ボクらは単にセックスだけじゃなく、女の子と擬似恋愛するような気持ちで赤線に行ったんです。まず自分で理想の女性のイメージを描いて行くわけだから、相手がブスであろうがかまわないんですね。まあ、自分勝手な思い込みで相手の女を見るから、ほれこんだりする」

作家のN氏。

「女を買う、なんて意識は全然なかった。自分にあらまほしき女を思い描いて行って、そのとおりにされるとやさしい人だと思い込んでしまう」

ちなみに、そのころの値段は、平均、ショートで約五百円、時間遊び（四十分）千円、泊まりが二千円だったそうです。

〝花魁ショー〟のこと

〝赤線の灯が消えた〟という記事が、あのころ、新聞にも週刊誌にも随分出まして、なにか、吉原全体が消えてなくなってしまったような感じでございました。

でも、町が暗いことはたしかで、たぶん、女の人たちがいなくなった店の中が、いやに静かで、変な気分だったと思うんですけど、店の人たちは晩ごはんがすむと、はやばやと電気を消して寝てしまったのでした。ですから吉原の町は、どの通りも、夜になるとまっ暗。そのうちに、〝吉原には追剝ぎが出る〟なんて噂も立ちました。

仲之町通りも暗くて、どこかちがう町にいるようで、これだと戦後の焼け野原のほうがまだ、人の住んでるらしい感じだった、と思うのでした。

これではいけないと、主人が中心になって、仲之町通りの方たちと一緒に、お役所にお願いして、水銀灯を備えつけることになり、どうやら人の歩けるような通りになりました。

〝赤線の吉原はなくなった〟という記事から、お客さまの中には松葉屋もなくなってしまった、と思った方もいらして、私どもも一時、お客さまが減りました。

まあそうかもしれませんよね。追剝ぎが出そうな場所で料亭だなんて、誰が考えたってふさわしくありませんものね。

主人は大変心配しまして、松葉屋の看板になる何かいいアイデアはないものかと考えているうちに、花魁《おいらん》の衣裳を店に展示して、「はとバス」のお客さまにお見せしたり、料亭のお客さまにも楽しんでいただくことを思いついたのでした。

芝居の『鞘当《さやあて》』に、吉原の夜桜の書き割りがありますが、庭をその芝居の書き割りのように造作して、花魁のかけを展示するのでございます。

それで早速、日本橋の白木屋――今の東急デパート――で衣裳をつくりました。養母《は》は戦前から白木屋がお出入りで、着物はいつもそこで誂《あつら》えていましたし、白木屋は打ち掛けやお相撲さんの化粧まわしなど、刺繡《ししゅう》ものが得意でしたので、揚巻《あげまき》のかけの図柄を持って頼みにいきました。

のちのちまで残るものをつくるんだから、いいものにしてもらおうというので、お金もないのに、当時のお金で二百万円をかけてつくりました。鮮やかな朱の地に桜の模様で、火焰太鼓《かえんだいこ》が置かれていて、それは豪華なものでございました。使われている金がまた、全部本金でしたので、京都西陣の縫い屋さんの間でも、ひところは話題になったようでした。

それと禿《かむろ》の衣裳が二枚、太夫《たゆう》のものとしては、かけのほかに胴抜きの着物もつくりましたので、全部で三百万円はかかりましたでしょうか。

その衣裳は、有吉佐和子さんが最初に手を通すことになりました。

その年の文士劇『助六』で、石原慎太郎さんが助六を演じ、有吉佐和子さんが白玉、曾野綾子さんが揚巻の役でした。有吉さんの白玉出演に当たって、白木屋の重役の方が、松葉屋に花魁の衣裳があるから、それを着せてもらったらということで、おみえになって、そのときに着ていただいたんです。

衣裳を展示するについて、主人は久保田万太郎先生に相談しました。

そう、久保田先生のお話をしなければ――。

久保田先生は、戦前からたびたび、松葉屋へお客さまとして来てくださっていました。松葉屋がまだ江戸町二丁目にあったときでしたが、ちょうど前に「丸小尾張《まるこおわり》」という引手茶屋があって、文士の方がよく新派の役者衆を連れてみえていました。ところがあるとき、雪の降る日でしたが、丸小尾張のお座敷がいっぱいで入れなかったというので、松葉屋にいらしたんです。

引手茶屋は、一見《いちげん》のお客さまはお断りするたてまえでしたが、養母は「どうぞ」と言ってお迎えし、久保田先生は大変喜ばれたのでした。

戦後になって、私どもが江戸町一丁目に料亭を開いたときには、早速、先代の吉右衛門さんを連れてきてくださいました。そのころは東劇も開いていましたから、花柳《はなやぎ》章太郎さんや水谷八重子さんの新派もかかっていて、新派の方たちと一緒にみえてくださることもたびたびでした。

昭和二十三年のことだったと思うのですが、私は戦前から、お酉《とり》さまの日には日本髪を結っていたのですが、その年は主人も帰ってきていましたことで、丸髷《まるまげ》を結っていたんです。そうしましたら久保田先生が、

松葉屋の　女房のまげや　西の市

と句を詠《よ》んでくださいました。

また、そのころ久保田先生がお連れくださった水谷八重子さんが舞台の上で、「吉原の松葉屋へ久保田先生に連れてってていただき、戦後はじめて、酉の市を見ました」と口上を言ってくださったんです。ですから、観客の方々に松葉屋の名を知っていただくことができ、ありがたいことでございました。

このようなことで、久保田先生には松葉屋の店を大変贔屓《ひいき》にしていただきましたが、先生を尊敬していた主人は、何かと店の相談をしていました。江戸文化について深い関心をもっていた主人ですから、先生に教えていただくことが随分とあったようでございます。

花魁の衣裳について久保田先生がおっしゃるのは、個人の店で衣裳を展示するのは無理じゃないかということでした。飾り物として展示するには、保管の技術が必要で、博物館でなければできないんじゃないか、っておっしゃるんです。

「それは文化財の保管として国がやるべきことなんだから、そこまで考えているのなら、いっそ、生きた人間に衣裳を着せたほうがいいんじゃなかろうか」

このアイデアを先生はご自分でも満足され、主人も喜びました。でも、それをどのような形でするか、たとえば花魁の衣裳を誰に着せるか、ということになると、すぐには答えが出ないのでした。

それでまず、歌舞伎座の小田島さんに相談しました。小田島さんは歌舞伎座の頭取部屋の方で、お酉さまには、床山の鴨治さんが、小田島さんを連れて松葉屋に来てくださっていました。

小田島さんが早速出してくださったアイデアは、歌舞伎座でも上のほうの役者さんは収入もいいし、舞台出演のために忙しいけれども、三階にいる人で女形《おやま》をやっている人が何人もいることだから、その人たちに衣裳を着てもらい、花魁を演じてもらったらどうだろうか、というのです。

それで久保田先生のところに行き、その話をしましたら「それは駄目だよ」と即座におっしゃるんです。「男は咽喉仏《のどぼとけ》があるから、近くでなんか見られないよ。歌舞伎の舞台だからこそ見られるけどね」

そんな矢先、ラスベガスの「ホリデイ・イン・ジャパン」というショーのお話が私どもの耳に入ってきました。

昭和三十二年、このラスベガスでのショーに、伊藤道郎先生は日劇の踊り子さんたちに花魁の衣裳を着せて踊らせ、その異国情緒溢れる演出が受け、地元で大評判になったというんです。

中島八郎さんの舞台装置がまた、江戸の雰囲気をもった、凝《こ》ったすばらしいもので、それが外国の人の目を喜ばせ、三か月の予定が二年間のロングランになったそうなんです。

伊藤先生は、日本でも、江戸時代の風俗をショーとして見せるだけで、大丈夫、受けるにちがいない、と太鼓判を押してくださいました。本物の花魁が出ているわけではなく、踊り子が江戸時代の風俗として演じるのだから、世間の抵抗もないのじゃないか。よい踊り子を紹介してあげるからやってみたら、とまで言ってくださり、花柳麗志乃さんというすばらしい踊り子さんを紹介してくださいました。大切なのは吉原の伝統の匂いを表わすことでしたから、花柳麗輔さんと花柳若菜さんの二人のご姉妹に振付をお願いすることになりました。お二人の振付によって花柳麗志乃さんの扮する、初代の栄山太夫が誕生したのでした。昭和三十三年十一月の酉の市のことで、これが松葉屋の「花魁ショー」のはじまりでございます。

ところが、花柳麗志乃さんが結婚のために舞台をお止めになることになり、また、新しい建物を造る話などがでてきて、改めて、振付などを、娘の師匠でもある猿若清方先生にお願いすることになりました。また、歌舞伎の芝鶴さんがご覧になって、花魁の動作などのアドバイスをしてくださいました。芝鶴さんは大文字楼の出でいらっしゃるので、実際の花魁の動きがわかり、そこはこうしたらいい、座るときはこう、というふうに一つ一つ細かく教えてくださいました。

ことのついでにお話ししますと、下駄の八文字の踏み方も、京都と江戸とではちがっていたんです。京都には天子さまがいらっしゃいますでしょう。ですから外に踏んではしたないというので、一度外に足をもって行ってから、内に踏んで止《と》めていたのですが、江戸ではそのような心配りはいたしません。外に踏んだとき、裾が開いて、紅《あか》い蹴出《けだ》しの見えるところが、殿方を喜ばせたそうでございます。

また、舞台の衣裳考証の田中先生がおみえになり、ショーをご覧になって、「ああ松葉屋さん、今は芝居では太夫の襟《えり》が返っているが、あれは京都のもので、お前さんのところは吉原のものとして残すんだから、襟を返しちゃいけないよ」ということを教えてくださって、白い襟にしたのでした。

このように、現在の形の「花魁ショー」ができあがるまでには、紆余曲折がありましたが、皆さまのおかげで、昭和三十六年六月二十七日に、その幕を開けることになりました。

「花魁ショー」は、「はとバス」のガイドさんの、吉原の歴史についての簡単な説明から始まります。遊里の地としての吉原に、江戸文化の華といわれる芸能や風俗が生まれたいきさつを皆さまに理解していただき、それから、吉原の芸者衆によるお座敷芸が繰り広げられます。現在は、一竜さん、せい子さん、明子さん、みな子さん、歌代さん、きんさん、ほう年さん、と七人の芸者衆が渋い芸をお見せしています。

いよいよ「花魁ショー」です。

金棒引きのちゃらこんの音が聞こえてきますと、禿《かむろ》二人、太夫（花魁）、振袖新造二人が舞台の脇の暖簾《のれん》から出て来て客席の前を道中して通り、舞台に上がります。ここで舞台の緞帳《どんちょう》が上がりますと、客席から選ばれた男のお客さまが、舞台の左隅に座っております。やがて『傾城《けいせい》』の曲が流れ、客席に向かって、太夫を真ん中に、右側に禿が二人、左側に振袖新造二人が座ります。振袖新造が『俄獅子《にわかじし》』を踊り、『寿』

平成元年10月22日に行われた花魁道中。太夫は左々浪さん。
前２人は禿

の曲で舞台の上のお相方と太夫がお盃のやり取りをし、吸いつけ煙草のあと、『松竹梅』を太夫と禿が踊ります。やがて、新造から太夫に「お召し替え」の声がかかりますと、『吉原雀』の曲で客席にご挨拶《あいさつ》して、太夫が舞台の上のお相方と一緒に奥へ引っ込み、幕が下ります。

「花魁ショー」が「はとバス」の夜のお江戸コースに入りますと、おかげさまで大勢のお客さまがお座敷に毎日のように来て下さいました。ところが、昔からの料亭松葉屋のくつろいだお座敷を楽しみにおいでになるお客さまには雰囲気が合いません。私どもでは、どちらのお客さまも大切ですから、これを機会に、建物も増築しようということになりました。

そこで、花魁ショーを見ていただくには、客席を枡《ます》席にすれば一層、江戸時代の雰囲気が演出されるのではないかと、それまでの店の隣に三階建てのビルを造ることにしました。赤線が廃止になったとき、売り物が三軒出ていたのを、主人が買っておいたのでした。

養母は建物をこれ以上大きくすることはない、と生前によく言っていましたので、新しい建物を造るについて、私はためらいがありました。でも主人は、花魁ショーを本格的にするためには、どうしてもふさわしい容れ物がいると申します。結局、主人の言うとおりに増築をすることにし、北野建設さんにお願いして、昭和三十五年秋ごろから普請《ふしん》にかかったのでした。

その年の十月二十七日のことでした。その日は養母の命日ですので、主人と一緒にお墓まいりに行こうと家を出たところ、北野建設のシートのところに、まるで私たちを待ってたみたいにしてトンボがとまってるんです。養母が亡くなった日、病室の電灯のところにいたのと同じ種類の、あのトンボなんです。びっくりして、「お父さん、これは絶対大丈夫よ。トンボがとまってくれてるんですもの」と思わず言いました。やっぱり養母も賛成してくれてる、そう思ったのでした。

トンボにはそれまでにもいろいろと縁がありまして、養母の一周忌の引出物を袱紗《ふくさ》にすることに決め、袱紗には久保田先生の句を染めさせていただきたいと思ってうかがったんです。そうしましたら、久保田先生は、

よしわらに　ある日つゆけき　トンボかな

の句を詠んでくださいました。トンボの話を私はぜんぜん久保田先生にしていなかったものですから、ハッとしまして、「どうしてトンボの句を詠んでくださったんですか」とききましたら、「今は十月だけど、トンボってのは命の儚《はかな》いものだから、法事にはいいかと思ってトンボの句にしたんだよ」とおっしゃるんです。

「それにね、トンボは勝ち虫ともいって、兜町《かぶとちょう》なんかではおめでたいときにも使うっていうふうに、トンボってのはいい虫なんだ」とも言って下さるので、つい私は「実は養母が亡くなったとき、こういうことがありまして」とお話をしてしまいました。するとと先生は「そんなことだったのか」と感慨深げにしていらっしゃいました。

昭和三十六年六月二十七日に、無事に三階建てのビルの落成式がとり行われることになりました。そのときに久保田先生が、

この里に　おぼろふたたび　濃きならむ

という句を詠んでくださいました。

今から二十五年も前のことでございますが、久保田先生の「これからは平和の世の中になるのだから、観光ということが大切になってくるよ」とおっしゃった言葉が、ほんとうに現実のことになりました。

〝花魁ショー〟ベニスへ行く

昭和四十九年、台東区はベニスと友好関係を結ぶことになりました。

水の都、ゴンドラの町、ベニスと、江戸の情緒を今も残す浅草とは、姉妹都市というにふさわしい、世界の観光地としての共通性がございます。

そのとき、観光連盟の小林綜介さんと浅草信用金庫理事長の森田新太郎さんの間で、ベニスと浅草が姉妹都市になったそのお祝いに、お互いの観光名物を交換し、それぞれの土地の皆さんに観《み》てもらってはどうだろう、ということが話し合われました。浅草からはおみこしと金竜の舞いをもって行き、ベニスからはゴンドラをもって来て隅田川に浮かべるのです。

そのための相談会が、四十九年十一月、台東区長の上條貢さん、東京国際観光の黒沢さん、ベニスの市長さんとの間でもたれ、ベニスの市長さんは隅田川を視察されました。

そのあとの宴会を松葉屋でしてくださったのですが、松葉屋では、せっかく外国からお客さまがおみえになったのだからと、「花魁ショー」をお目にかけることにしたんです。するとベニスの市長さんが大変喜ばれて、しかも江戸時代の吉原遊廓の風俗だということに関心をもたれ、金竜の舞いやおみこしと一緒に、この華やかなショーをぜひベニスの人たちに見せてほしい、とおっしゃるんです。

主人もその話にはすっかり乗り気になりました。

久保田先生のおかげで、豪華絢爛《けんらん》をきわめた江戸の吉原風俗が、さらに美しく様式化されている、その「花魁ショー」が外国へ行き、外国の人たちに観賞してもらえるなんて、そんな機会はめったにあるものではございません。

それともう一つ、昭和三十八年左々浪《さざなみ》さんに太夫をつとめてもらうようになって、十二年が経《た》っていました。長くつとめてもらったお礼に何かしなければ、と思っていた矢先だったんです。で、ベニスでの「花魁ショー」出演のあと、ヨーロッパ旅行をするスケジュールを組み、骨休みをしてもらおう、と考えたのでした。

けれども、ショーをもっていくとなると、二十人近くの人に参加してもらわなくてはなりません。また、せっかく「花魁ショー」を出すからは、木遣《きやり》、獅子舞の余興をつけたほうが、吉原の芸能を幅ひろく味わってもらえるのではないか、そんなことも考えますと、かなりの人数になります。

そのころは、一人当たりの費用がざっと五十万円でしたので、二十人となると一千万円かかります。当時の松葉屋に、一千万円という支出はとても無理なことでした。そこで考えたのが、毎月百万円の積立だったんです。

話の決まったのが十一月、渡欧は翌年の九月でしたから、それまでに十か月あります。その間、一か月に百万円ずつ積立をすれば、ちょうど一千万円になります。それを浅草の信用金庫ですることにしました。

左々浪さんだけではなく、私どもにとってもベニス行きはよい機会でございました。

息子の清一が五十年の二月十五日に結婚したのですが、フロリダのマイアミ大学に半年ほど留学していましたので、新婚旅行をアメリカにしました。それで嫁はヨーロッパがはじめてだったんです。

嫁の桂子は小さいころから芸事が好きで、四歳から日本舞踊を習っていまして、〝新造〟から〝太夫〟と花魁ショーの舞台にも立ち、共立女子大の卒業論文は主人のアドバイスもあって「仁輪加《にわか》」をテーマにするなど、吉原に深い関心をもっております。ですから、ベニス行きは嫁のためにもまことによい勉強の機会でした。で、その日のために桂子は、栄太郎姐《ねえ》さんや乙女姐さんに木遣を仕込んでいただきました。

ところが、思わぬ「待った」が入ったのです。

「花魁ショー」がはじめて海外へ行くというので、朝日新聞に「花魁、海を渡る」という記事が載ったのですが、この記事を読んでキリスト教会の高橋喜久江さんから抗議が出されたんです。しかもその年は国際婦人年だったものですから、売春婦が海外に行くなんてことは一種の国辱だという抗議声明ともなったのでした。

主人はその記事を新聞で見て、三十三年に赤線が廃止になり、それ以来、売春婦なんていないはずなのに、何を考えてそのような一方的な意見を出すんだろう、と不思議がりました。

その記事はかなりの反響をまきおこしまして、日本テレビが朝のワイドショーでこれを取り上げました。「花魁ショー」のベニス行きをめぐって、是か非かの討論が交わされたのでした。

市川房枝さん、高橋喜久江さんが否定する側として出席され、私どもの側には、浅草の観光連盟の方、歌舞伎関係の方、民社党の麻生良方先生、が出てくださいました。見学のご婦人方も、五十人ぐらい、討論に耳をかたむけてくださいました。

討論が始まる前に、まず、「花魁ショー」とはどんなものか、その実物を見ていただくことになりました。花魁の姿を江戸情緒溢れる様式美にまで高めたのが「花魁ショー」であるという信念を主人はもっておりましたので、自信をもってみんなに支度をさせました。

スタジオの中に、金棒引き、禿、太夫、振袖新造が現われますと、見学の方の中から感嘆の声が洩《も》れました。華やかで、絵のようで、精緻《せいち》で、みだらな想像を抱かせるものは何一つない、と皆さん、おっしゃってくださいました。

麻生先生は、外国にも『椿姫』という、娼婦が主人公の名作があって、オペラにも映画にもなっているが、誰もそれを国辱ものだとか、みだらとかは言わない、まして舞踊として様式化されている「花魁ショー」を売春だの国辱だのと言うのは狭量すぎる、というようなことをおっしゃってくださいました。

歌舞伎の方たちも、花魁をいちいち締め出していたんでは、歌舞伎なんかできなくなってしまう。『助六』にしても『籠釣瓶』にも、吉原の場面が出てくるのに、こちらのほうはどうしてくれるんですか、ということになりました。

そのとき主人は、当時の東京都知事の美濃部さんからいただいた表彰状を持っていき、皆さんに見てもらいました。昭和四十三年に明治百年の記念行事がありましたとき、上野公園で「花魁道中」を皆さんに見ていただいたのですが、そのときの表彰状なんです。

このとおり、東京都も一つの文化遺産として認めているのだし、それに「花魁ショー」は久保田先生につくっていただいたもので、江戸の風俗としてわれわれが大切に残そうとしているのに、一体そのどこがいけないんですか、というようなことを申しましてね。

番組中では、抗議の方たちに納得してもらうことはできませんでしたが、見学者の方たちにはそれなりの反応があったのを私どもは感じました。

高橋喜久江さんがその後、外務省に問い合わせをされたとき、外務省からは、それは親善の目的で行くのであって、政府派遣ではなく、お互いに姉妹都市だということで自費で行くのだから、政府で関与することではない、という回答があったようです。

こうしている間にも、ベニスのレガッタ祭参加は動かしがたいものになりまして、演《だ》し物にも工夫が加えられ、陣容もととのってまいりました。

「花魁ショー」に出るのは、太夫、禿が二人、振袖新造が四人、手古舞姿の木遣が五人、男衆は、金棒引き、太夫の提灯を持つ人、太夫に肩を貸す人、太夫に傘をさしかける人の四人。合わせて十六人です。

太夫につく四人というのは、左々浪さんの弟の松太郎さん、片岡さんの十蔵さんと亀蔵さんのご兄弟、それと小幡さん。いま歌舞伎界で活躍していらっしゃる片岡さん兄弟は、そのとき十代の若さで、ですからお母さんの幸子さんが心配され、自費でついていかれたんです。向こうでは陰での手伝いをいろいろしてくださったので、助かりました。

飾山囃子《おやまばやし》は、猿若先生とお親しい堅田啓輝《ひろみつ》さん。新婚の奥さんの岩井梅我《ばいが》さんには、踊りをお願いしました。それから、猿若清三郎先生にもご同行をお願いしました。

ところが、もともと心臓が丈夫でなかった主人は、それまでの疲労が重なったものか、出発を前にして体調を崩してしまいました。私ども夫婦が総指揮をとることになっていたのですが、具合の悪い主人を残して行くわけにはいかないので、私も行くの

ベニスのレガッタ祭に参加、大歓迎をうけた花魁ショーの一行

を取りやめ、息子夫婦にまとめ役をさせることになりました。

こんなことを言って、親ばかだと笑われるかもしれませんが、息子には、ときどきびっくりさせられることがございます。中学二年生のときですが、「僕は松葉屋を継ぎます」ということを言ってくれたんです。そして、慶応大学三年のときには、「跡を継ぐにあたって、僕の仕事として〝はなしをきく会〟を松葉屋でやらせてください」と、計画をうちあけられました。親の跡を継ぐということが少なくなってきた世の中のことですから、卒業名簿の就職欄に松葉屋の文字をみたときには、私も主人も、胸が熱くなったものでした。

ところで、「花魁ショー」が、ベニスに出発するとき嫁は、妊娠五か月だったんです。九月のお一日《ついたち》が、戌《いぬ》の日で大安にあたっていました。なにしろはじめての子どもですから、飛行機に長時間乗ったりして大丈夫かしらと心配になって、お医者さまに相談しました。

やっぱり、よくないとおっしゃいましたが、九月一日に岩田帯をしていただければ行けるんではないかって先生にお願いしましたら、ありがたいことに帯をしていただけたんです。それでそのとき、私が信頼している、品川の福田先生に相談いたしましたら、旅先で何か物を失くしても、絶対に探さないこと、どんなに大切なものでもそれが身替わりだと思って諦めなさいって言われたんです。

そしたら、木遣の名入り提灯を飛行機の中に忘れてきたんですけど、まあ提灯ぐらいですめばありがたいことだと思いまして……。そのときお腹《なか》にいたのが、息子たちの長男、純一なんですけど、「あなたはお母さんのお腹にいる間に、イタリアへ行ってきたんだよ」ってよく話すんですよ。

あのときは三日に出発して、ベニスのお祭りが六日でしょう。六日は、月がちがうにしても久保田先生の命日ですから、そういう日にあたったなんて、それだけでも私たちはついてるんだなあと思いました。

そして、ベニスのレガッタ祭は、大成功でした。

その日のベニスの町は、橋の上も、両岸の家の窓も、見物人が鈴なり。みんな興奮して「花魁道中」に向かって手を振り、紙吹雪を降らし、歓声をあげてくださったんだそうです。

あくる日は、すばらしい晴天。まっ青の運河に太鼓の音が響き渡り、太夫や振袖新造をのせたゴンドラが、青い水面を滑るように通り過ぎます。日本人が見ても溜息が出たといいますから、外国の方たちの歓声はもっともだと思うんですよ。

左々浪さんは、そのとき乗っていたゴンドラの櫂《かい》を市長さんからいただき、今も大切にしています。

一行が帰ってきたのは、十六日でした。三日に発《た》って十六日に帰ってきたのですから、ざっと二週間。羽田に迎えに行って、タラップに明かりがついたときには、涙が出ました。無事に帰ってきてくれて、よかった、と思って。

行くときにはさほどには思っていませんでしたのに、無事に帰ってきてくれたことがありがたく、私はすぐに浅草寺にお礼詣《まい》りに出かけたものでした。

浅草の人たちのベニスでの活躍は、新聞にもテレビにも紹介され、「花魁ショー」ってどんなものか一度見てみたいというので、「はとバス」のお客さまも増えました。もう、あれから十年になります。今年の秋に、十年目の記念旅行をしようというので、ずっと積立をしてるんです。

そのときには、純一も一緒に連れていき、「あなたがお母さんのお腹にいるとき来たのは、ほら、こんなところなのよ」って話してきかせたい、なんて思っているんですよ。

別れ

主人が亡くなったのは、昭和五十五年の二月十九日、仏滅の日でございました。

私は夜休むときに日めくりの暦《こよみ》をめくり、明日は仏滅だとか大安だとか、先勝とかをたしかめ、何かをするときにはいい日を選ぶのが、小さいころからの習慣になっています。

主人は明治四十三年の戌《いぬ》年の生まれですが、たまたま昭和五十五年の二月十九日が仏滅の日ですので、前の日になんとなくいやだなあって感じがしてたんです。

昭和五十五年は雪の多い年で、戌の日の十九日も朝から雪が降っていました。朝、主人が目を覚ました様子に、「雪が降ってんのよ」と私は声をかけました。すると「道理で寒いと思った」と意外にはっきりした返事が戻ってまいりました。随分頭がすっきりしている様子でした。

そのとき、主人の病気はもう一年半にもなっていて、酸素ボンベを備えるなどして身体が動かせないようになっていましたから、私の手で口をゆすいだり、手や顔を拭《ふ》いたりしました。さっぱりした顔をして、眼を窓のほうに向けたりしていますので、こんなに頭がはっきりしているんだから、今日は大丈夫、と思っていました。ところがそれからしばらくして心不全をおこし、十時十五分、息を引きとりました。

主人のはじめての心臓発作《しんぞうほっさ》は、昭和四十一年でした。動脈の、吸い込むほうではなく、送り出すほうに何か突っかかるところがあったらしいのですが、ニトログリセリンと酸素吸入のおかげで、一時間ほどで元に戻りました。

その後、五年ぐらい何事もなかったものですから、忘れていましたところ、昭和四十六年、万座温泉に行ったときに、また、発作をおこしちゃったんです。

そのときも酸素ボンベのおかげで落ち着き、また少しして発作をおこし、ニトロを嚙んでは戻り、何ごともなかったみたいに仕事を続け、仕事に熱中しては発作をおこす、という繰り返しでしたが、とうとう五十三年十一月八日に倒れてしまい、一週間しかもたないだろうという診断が下されたのでした。このときは私も覚悟をしましたが、二週間たち、三週間たち、一月たちして、一年半をなんとかもちこたえてくれました。

昭和五十四年五月六日は、久保田先生の十七回忌でしたが、久保田先生のことを何よりも大切に思っている主人は、病院から戻ってまいりました。こうと決めたらそれをしないでは納まらない人でしたから、久保田先生のことはなんとしても自分の手でしたかったのだと思います。

重症の心臓病患者ですから、動かさないでいるうちに足がすっかり弱っていました。主人は、足の自由にならない自分をはがゆがり、歯をくいしばって、お風呂に入ったり、用を足したりしていました。

五月六日の久保田先生の十七回忌にも、足をひきずりながら皆さんにご挨拶《あいさつ》するんです。それがよくなくて、また発作、そして入院でした。

五十四年十二月までは佐々木先生の病院にいましたが、五十五年のお正月は自分の家で迎えたいといって、クリスマスの日に帰ってきました。正月の三日を家族と一緒に祝い、二月一日に主人の満七十歳の誕生祝いをし、二月十二日は孫の純一の誕生祝い、二月十五日は息子夫婦の満五年の結婚記念日と、家族の祝い事が続いて、主人は、みるからにうれしそうにしていました。

そしてもう一つ、息子夫婦のお仲人さんである林彦三郎さんと吉川義男さんへのご挨拶《あいさつ》を、息子夫婦に言いつけ、それが終わって、何もかもきれいにすませて、十九日に亡くなったのでした。

十九日は仮通夜で、うちの者だけでしましたが、ところが二十日には「吉寿会」の発会式を松葉屋ですることになっていました。

「吉寿会」というのは、老人会の名称でございます。町の名は千束《せんぞく》町となって、吉原という地名はなくなりましたので、吉原の名の消えるのを惜しんだ老人会が、せめてもと、会の名を「吉寿会」にしたのでした。主人は病人でしたから、会のお手伝いはできませんでしたが、皆さんのご厚意で顧問にしてくださったのでした。仏滅のあくる日は大安という順序ですから、二月二十日、大安の日に、吉寿会の発会式を松葉屋ですることに、十二月のうちから決めてあったんです。

ところが主人は、十九日の朝に亡くなりましたでしょう。町内の方々も「ご主人が亡くなったのに、発会式なんて……」と言ってくださったのですが、でも主人は生前、「せっかくのお祝いに、ぜひ、うちの花魁ショーをお年寄りの方たちに見せて上げてください」と吉寿会の役員さんに言ってたものですから、ぜひそうさせてくださるよう、お願いしたのでした。

といいますのは、お年寄りの方たちは主人の知り合いの方ばかりではありませんでしょう。発会式には「花魁ショー」が見られる、そう言って楽しみにしていらっしゃる方たちがいる、って前々から耳にしていたものですから、お葬式だからといってお流れにしたのでは申し訳ないと思ったんです。それはまた、主人の気持ちでもあるような気がいたしました。

二十日の昼間、「花魁ショー」の人たちは泣き泣き支度をしました。そのとき、遺体と一緒に「花魁ショー」の人たちが写っている写真がありますが、それを見ると、いろんなことが思い出されてきます。

翌日の葬儀も、いかにも主人にふさわしい、型破りのものでございました。

式場づくりは、歌舞伎座の裏方会の先生方、総出で引き受けてくださいました。祭壇には緋毛氈《ひもうせん》が敷かれ、生花で花壇が作られ、枡席《ますせき》のほうは、政界の方、財界の方、お芝居や落語関係の方たちの供花《くげ》でびっしり、埋まりました。

棺が家を出るときには、喪服姿に名入れの提灯を持った芸者衆がならび、栄太郎姐《ねえ》さんの音頭で、木遣で主人を送ってくださったのでした。お墓は府中市多磨の永福寺にあります。

その栄太郎姐さんは、昭和五十六年の十一月十日に亡くなりました。

陣馬《じんば》高原街道というところにできた、設備のすばらしくいい「サントピア」という施設に入り、九月のはじめ、「花魁ショー」の一行の訪問を受けて、木遣を唄った、そのすぐあとのことでした。九月、八王子のデパートへ「花魁ショー」と木遣が行ったのですが、それが三時に終わったものですから、ちょうどいい機会だというので、私たちは栄太郎姐さんを「サントピア」に訪ねたのでした。

このとき、嫁が手古舞の格好をしていましたので、栄太郎姐さんに音頭をとってもらい、お年寄りの前で木遣をしたんです。栄太郎姐さんはすっかり張り切って、背すじを伸ばして木遣の音頭をとったものです。

何かというとすぐに手紙をくれる人でしたが、それからすぐに手紙がきて「女将《おかみ》さん、あれから私の株が上がりましたよ」って書いてありました。「私はみんなの大将株ですよ」って。

ところがそれからいくらも経《た》っていない十月二十日、トイレで転んで足が立たなくなって、十一月十日、八十六歳で亡くなりました。

戦後、〝吉原の三羽がらす〟といわれていたのは、その栄太郎姐さんとおちゃら姐さん、もう一人が乙女姐さんでした。

おちゃら姐さんと栄太郎姐さんのあと、木遣の音頭をとるのは乙女姐さんということになっていましたが、五十年にベニスに行くことになったとき、外国に行くのに若い人じゃなくちゃいけないということになって、木遣の音頭を歌代さんにうつしてもらいました。で、歌代さんがベニスに行くことになったのですが、木遣を歌代さんにうつすなり、乙女姐さんは芸者をやめてしまいました。

でも、お稽古《けいこ》をするのによく松葉屋に来てくださってたものですから、ベニスに行った人たちは、乙女姐さんへのおみやげを松葉屋まで持ってきて渡していました。乙女姐さんは外国みやげを貰ったというので、子どもみたいにはしゃぎながら帰ったんですけど、九月二十五日に亡くなりました。一行が帰ったのは九月十六日、それから二、三日して病気と聞いて、お見舞いに行こうと思っているうちに、亡くなってしま

栄太郎姐さん。昭和30年代の新聞記事より

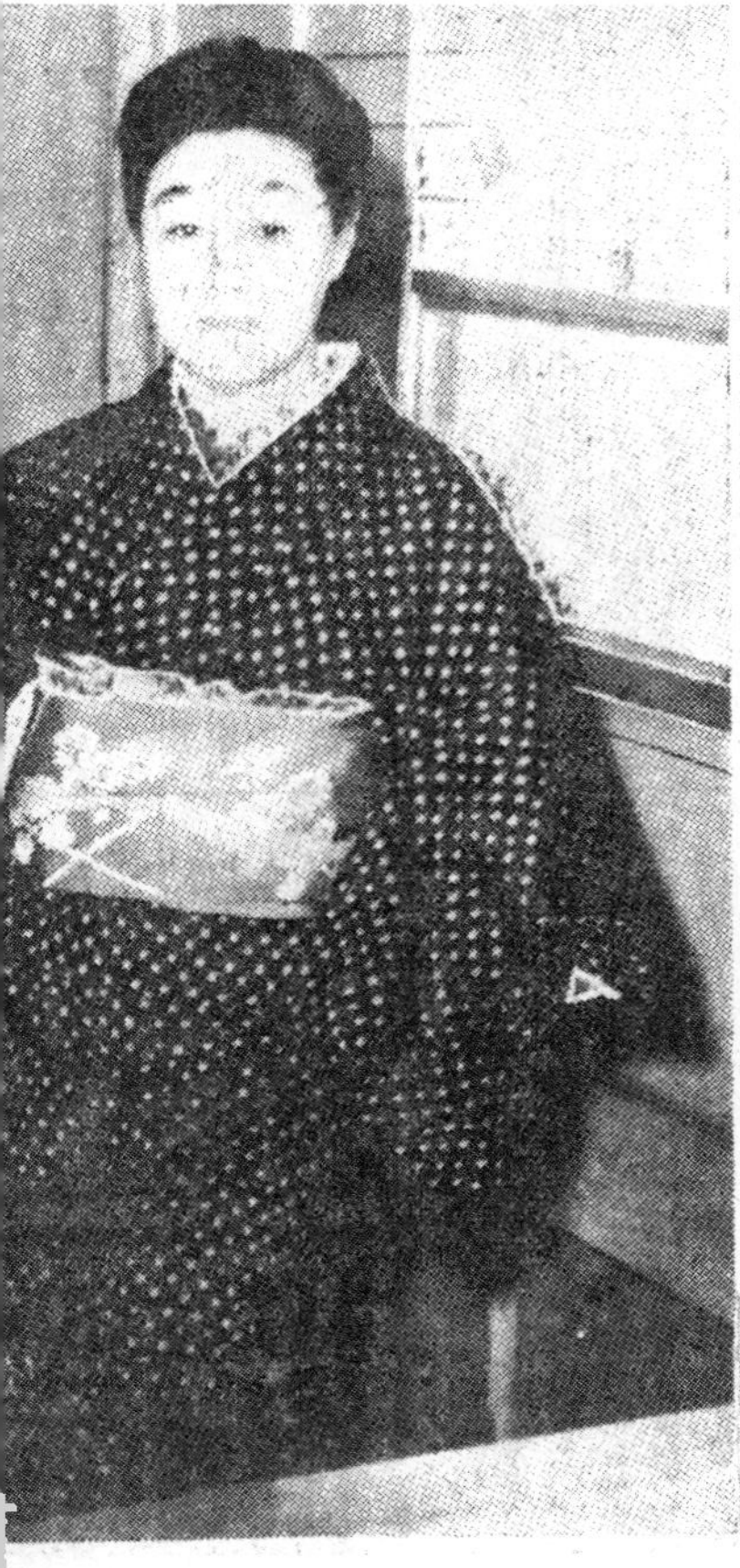

ものいう年期

新吉原 仲の町

（その四） 栄太郎姐さん

◇…栄太郎姐さんは、レッキとしたシマッ子で、堂々たるタイプと共にアヴァン芸者の貫禄充分。それにナンといっても年期がモノをいい、お座敷の客あしらいは実に堂に入っている。お酒はまるっきりだめで、諸芸に通じ、お芝居は海老蔵がひいきとのこと。【写真 栄太郎姐さん】

涙っぽい人情肌

新吉原 仲の町 おちゃら姐さん
（その三）

おちゃら姐さんは、生粋の土地っ子で、現在芸妓組合長

そんなわけでシマの古株では人後におちず、ちょっとほかりうるさい方。だがそうはいっても

『私お芝居では水谷八重子さんが好きだわ』

というあたり変に涙もろい一面もあって、同輩にもかなりの人気がある。芸事はナンでもこいで、お酒は大いに頂く由。

紅燈絃歌

乙女姐さん

しんみり型の乙女姐さん

新吉原仲の町（その一）

乙女姐さんは、その昔から粋筋には有名な、芸事ではよそに決してひけを取らない吉原芸者のなかで生れ、そこで育った生粋の子。しかも戦前戦後を通してこのシマに出ており、踊り、清元、常盤津といったナンでも来いの芸達者。観劇、スポーツが好きで、お座敷は至ってシンミリだがお酒が少し入ればちょっとは賑やかになるそうや。

紅燈絃歌

ったのでした。

乙女姐さんのお墓は、谷中。栄太郎姐さんの菩提寺は熊谷です。木遣の元祖といわれたおさだ姐さんは九月二十四日（二十九年）、娘さんのとく子姐さんの命日は四月十一日（四十二年）で、竜泉寺町の西徳寺にお墓があります。

小なつ姐さんは六月十七日（二十年）立石の源寿院、おちゃら姐さんは七月九日（三十三年）と、仏さまが多くなりました。命日のお墓まいりは、年によっては都合がつかず、できないこともありますが、それでも芸者衆と私は、何かの形でご供養をし、思い出ばなしにひととき、花を咲かせます。

姐さんたちが吉原芸者としての誇りも高く、芸を競い合っていたころは、吉原も賑《にぎ》やかな、倦《あ》きのこない、味のある町でした。

一枚の地図

ここに一枚の地図があります。

「吉原今昔図──関東大震災時、東京大空襲時、公娼廃止時」と、時代にしたがって配置した吉原の地図です。

作者は荒井一鬼《かずき》さん。お父さんの代から吉原で鳶頭《とびがしら》をしている「鳶福」の頭です。

〝鳶〟とは、もともと火災や喧嘩から街を守り、街の世話をする人たちで、その意味で江戸時代からの伝統を受け継いでいる人たちといえるでしょう。その頭としてのお父さんは、戦中戦後を通して、一手に吉原の復興につくした方です。いわば吉原とともに生きた人、ともいえるのですが、昭和三十三年、赤線廃止で吉原がなくなったときには、もう自分の時代は終わった、と言って鳶頭の役を息子の一鬼さんに譲ってしまわれたのです。そういう、いかにも江戸の男らしい、いさぎよい方でしたが、昭和三十七年に亡くなられました。

荒井さんのお祖父《じい》さんという方がまた、上野の彰義隊の残党で、一時、船橋のほうに逃れたあと、日本橋に戻り、呉服商を営んでいらしたんです。その店の若旦那として育ったのが荒井さんのお父さんの福之助さんですが、江戸っ子の気風に富んだ、浅草が大変に好きな方で、兵隊検査にせっかく近衛兵として合格したというのに、たまたま入隊日が三社祭りだったため、入隊を蹴っておみこしをかついだという、そういう人物でいらしたんです。

近衛兵といえば、兵隊さんの中の、エリート中のエリートで、皇居をお守りする兵隊さんとして、頭も体格もよく、そのうえ、眉目秀麗《びもくしゅうれい》な青年でないとなれなかったので、若い男の人たちの憧れの的でした。それを蹴ってまでおみこしをかついだなんて、なんと粋《いき》だろうとうれしくなってしまいます。

吉原は、その荒井福之助さんが一生かけて守ってくださった街というわけですね。お父さんが鳶頭であったころは、荒井さんは東京都の建設局に勤めていらしたのですが、お父さんのご意向にしたがってそこをやめ、お父さんの跡を継がれました。地図を作ろうと思いたったのも、そのお父さんのご供養にということなのだとうかがいました。

地図は大判の和紙に「関東大震災時」（大正十二年）、「東京大空襲時」（昭和二十年）、「公娼廃止時」（昭和三十三年）、そして現在、と四つの時代にわたって、街なみが一つ一つ丁寧に書きこまれています。しかも、引手茶屋は〝青〟、芸者屋は〝青の地に〇《マル》〟、幇間は同じく〝青地に⊗〟、貸座敷は〝赤〟、そのほか、仕出し屋、銭湯、理髪店、射的場などは〝白〟というふうに色分けがしてあります。ですから、一目で街の様子が摑《つか》めるのです。

大空襲のころまでですと、仲之町通りには「松葉屋」「山口巴」「林屋」「若乃屋」「竹治」「栄屋」「近半」というふうに懐かしい引手茶屋の名前が見え、松葉屋の一つ先の角を曲がると「綿」「此玉井」の貸座敷、その前を行くと、おさだ姐《ねえ》さん、小まつ姐さん、たつ子姐さんたちの芸者屋が並び、たつ子姐さんの隣には、延三久《のぶさく》さん、その向かいには一平さん、真作さん、と幇間《ほうかん》の家が並んでいて、それは地図というよりも、まるで街のミニチュアを覗《のぞ》いているように、私にはなつかしいのです。

そうなんです、この小さい四角い枠の中に、今はもうこの世にいない、引手茶屋のご主人や女将《おかみ》さん、女中さん、芸者さんや幇間さん、たくさんの花魁《おいらん》さん、貸座敷のご主人やご内所《ないしょ》、おばさん、番頭さんたちの姿を思い浮かべることができ、また、今にもその人たちの声が聞こえてくるような気がするんです。

仲之町通りには、引手茶屋の屋号を記した送り提灯を持つ女中さん、貸座敷に向かうお客さま、それから、小学校に行く三宅加祢子さんと私のランドセル姿まで見えてまいります。

そんなふうに、吉原の街を知っている者にとっては、まるで街が生きているように見える地図なんですね。

戦争からのち、公娼廃止時までの地図は、それ以前のものとはかなり様子がちがっています。戦災で亡くなられたり、吉原を去ったりした人、店、それから戦後になって面積をひろげた店、戦後に新しく入ってきた店など、戦争の跡がはっきりと地図にあらわれています。

そして面白いことには、「吉原現勢図」――現在の吉原ですね――これになりますと「関東大震災時」や「東京大空襲時」のような、街としての貫禄が感じられないんですよね。

現在の千束三丁目、四丁目には、百十八軒の〝ソープランド〟、三十三軒の〝ホテル、旅館〟、二十七軒の〝喫茶・スナック〟、駐車場が三十五か所、というふうに、昔とはすっかり様子が変わっています。

木造建築に、筆で店の名が書かれてある木製の看板がかかり、暖簾《のれん》に提灯といった昔の街並みではなく、けばけばしいピンクや紫のネオンに囲まれたソープランドの店がつづき、〝吉原〟のおもむきはどこにもありません。

そこに働いているのは、親のため、姉妹のために働いている花魁ではなく、自分たちのそれぞれの考えで働いている、元気のよいお嬢さんたちです。

夜になると街にはネオンが灯り、お客を引く男の人たちが店の前に立ち、タクシーが乗りつけてきますが、街は〝吉原〟ではなく〝千束〟なのです。

荒井さんは、その〝千束〟の街から〝吉原〟を掘りおこすために、巻尺を手に、昔の吉原を知っている人を、一人一人、訪ねて歩いたのでした。面白いといいますか、困ったことには、といいますか、五人を訪ねると五人とも記憶がまちまちで、家族の間でさえばらばらなので、おばあちゃんのは間違っている、いや、お前のほうがおかしいと、しまいには家族で喧嘩になった家もあるのだそうです。

まあ、そんなふうに人の記憶というのはまことに頼りないもので、それだからこそ、なお一層地図として昔の吉原を残しておかなければならないと、荒井さんは思われたのでした。

荒井さんの地図は、一年以上を費《ついや》してできあがりました。吉原が好きだったお父さんのご供養になっただけでなく、吉原を知っている人や吉原に住んでいた人たちに喜んでもらい、吉原を研究している人たちのよい資料になりました。地図を見た人たちから三百通以上の手紙が荒井さんのところに寄せられましたが、なかには、やさしくしてくれた吉原の花魁を思い出したというのや、空襲のとき吉原で亡くなった息子が帰ってきたような気がした、戦死した息子と一緒に歩いた吉原の通りを思い出す、というのもあったそうです。

吉原の名称は、今では「吉原神社」「新吉原京町派出所」「吉原電話局」「東電新吉原変電所」「吉原公園」、そして今は三代目になりますが、吉原を象徴する〝見返り柳〟の傍にある都バスの「吉原大門《おおもん》」の停留所を加えて六か所を残すのみになりました。でも私は吉原の名前はやはり「吉原地図」や「花魁ショー」の中に、今後も生きつづけていくであろうことを信じているのです。

エピローグ　吉原はどこへ

最後のお客さまが帰られたのが午後十一時、芸者衆のお座敷芸や花魁ショーを今夜もゆっくり楽しんでいただけたという、ほっとする思いで私は門を閉めました。閉め終わると、ほとんど同時に雨が降ってきまして、それがみるまに中降りになってきますので、お客さまたちは家路につかれたかしらと心配になって、一度閉めた門を開けて通りを見たのでした。

もうお客さまの姿は見えず、にわか雨のせいか、あたりがいやに静かで、傘のない男の人が三人、向かいの中華料理店「ほんごう」さんにとびこんだあとは、通りには、車も人のかげもありません。なにか信じられないような静かさなんです。

「女将《おかみ》さん、雨の中を何してるんです?」という芸者衆の声が後ろに聞こえていましたが、眼の前の通りがぼうっとかすんできて、吉原の名物だった植込みが、幻なんですけど、雨の中に見えるようでした。

でも今、このあたりは、台東区千束四丁目。ソープランドの街として世間に知れわたっています。昼間は、大勢の人たちで賑《にぎ》わう浅草の街からみれば、まるで眠っているようなとりとめのない街ですが、それが夜とともに様変わりし、ネオン煌《きら》めくソープランドの街になるのです。

店の前には、妓《ぎゅう》夫太郎でもお姐《ねえ》さんでもなく、蝶ネクタイを締め、黒のタキシードを着た、若い男の人が立っています。でも昔のように、その店のおなじみの顔というのがありません。

中で働いている従業員も若い女の子たちもしょっちゅう変わっているのだそうですが、年季という制度があるわけではないから、変わりたくなれば、いつでも条件のいい店に変わるでしょうし、引き抜きがあることも考えられます。店の経営者や支配人さえ、一、二年で入れ代わっているというのですから、〝吉原三百年の歴史〟なんていうと笑われてしまうでしょう。

経営者や支配人の交替が激しいのは、もとから吉原にいた、いわゆる地元の業者が経営している店はほとんどなくて、ほかの場所に営業所をもっている場合が多いからなんだそうです。

ソープランドの娘さんたちも、昔のように親兄弟のために働いているという人は一人もなく、お金を貯めてマンションを買うとか、商売の資金造りをするとか、なかには、男の人が好きでたまらないからこの道に入ったという娘さんもいるようです。吉原という土地そのものは変わらないけれども、そこには昔とはまるっきり品種のちがう花が咲いている、ということでしょうか。とにかく、同じ、男の人を迎える街であっても、昔と今とでは、表と裏ぐらい、ちがいがあるように私など感じてしまうのです。

でも、時代が変わり、あるいは町名が変わり、店の名が変わっても、この世に男性と女性がいる限り、女の人たちが男の人たちを相手に働く場所として、つづいていくのではないかと、私にはそんな気がしてならないのです。

吉原はやはり、徳川幕府が遊興の里と定めたそのときから、このような姿が宿命づけられていたのではないでしょうか。

あとがき

新しい年がここ松葉屋でも始まりました。「はとバス」の〝花魁ショー〟も二日から始まり、三日には私どもの一階の枡席《ますせき》で、〝はなしをきく会〟の幕あけをしました。それにしましても、あれもこれもとお話をしているうちに、随分、長くなってしまいました。

実は最近、吉原を知りたいとおっしゃって私どもを訪ねて下さる方が多くなり、私の知っていることをお話しするだけでは、とても吉原をお知らせしたことにはならないと思いまして、いつからか、いろんな方をお訪ねしてはお話を伺うようになりました。どなたも熱心に話してくださいますもので、あらためて吉原という土地の面白さを知ったようなわけでございます。

そうこうしているうちに、皆さまからおききしたことをぜひ語り残しておきたいという気持ちになってまいりました。何よりも、吉原の花魁《おいらん》として生きていた人たちが、その運命を受け入れながら、精一杯生きていた姿を知っていただきたいと思うようになったのでございます。

このたび、ご縁があって、一冊の本にまとめることができました。多くの方々のおかげとありがたく思っております。ことに、阿木翁助先生、中島八郎先生、池波志乃さん、荒井一鬼さん、中村正雄さん、萩原隆義さん、山賀太平さん、川崎チエさん、浜野康夫さん、山田勝雄さん、そして宇尾房子さんに、この場をおかりして、お礼を述べさせていただきます。

昭和六十一年一月

平成10年3月29日、松葉屋最後の花魁道中（以下5点　©須賀一）

双六
八千代
紫

江戸二
角町
京二

松葉屋
松葉屋
三月二十九日(日)昼一時より

解説

阿木翁助

昭和六十一年出版された福田利子さんの『吉原はこんな所でございました』が文庫版として発刊されるという。それについて利子さんが経営する料亭松葉屋の客でもあり、又この人が何かと指導を受けた久保田万太郎先生の〝子分〟でもある私が、世に謂う「解説」を書く事になった。それであらためてこの本を精読したが、これこそ「吉原」という官許〝売春地帯〟の徳川時代の発祥から、昭和三十三年、〝売春禁止法〟の実施にいたるまでの、詳細をきわめた「解説書」であるとわかった。つまり私如きが蛇足を加える何ものもないのだ。

そこで私は、本書のもつ存在価値と、松葉屋経営者夫妻の人となり及び経営努力について一言述べる事にする。

本書の存在価値

昭和四十九年、東京都の台東区がベニスと友好関係を結び、料亭松葉屋の「花魁ショー」を、水の都ベニスで公開すると決められた時、キリスト教の某女史が「折からの〝国際婦人年〟に、売春婦のショーを海外へ出して国の恥をさらさなくてもいいではないか！」という抗議をとなえ、テレビのワイドショーがこれを取りあげて、「花魁ショー派遣の可否」が、それぞれの論者によって討議された。

その時問題の「花魁ショー」が放映され、見学の人々が、その美しさを感嘆したので、結局可否の結論が出ないまま終り、反対側が外務省へ問い合わせたところ、「今回の事は政府の派遣でなく、〝姉妹都市〟という民間団体の行事を自費で挙行する事だから、政府は関係ない」と回答されて、結局「花魁ショー」はベニスへ行き大成功を納めて帰ったそうである。

これでおわかりの様に「吉原」「花魁」などの言葉は、「売春」という大枠の中へ組み込まれ、特に知識層の婦人方の間に相当な抵抗感があるらしい。

しかし、現在「売春禁止法」の施行されているわが国では、男性の間に東南アジア諸国、韓国、台湾などへの「買春ツアー」が大繁昌して、逆に「生活上」の理由で、前記の各国からは、女性の間に日本への「売春渡航」が色々な手段によって敢行され

ている らしい。

それは東京でも地方でも、その種の女性の存在が誰の目にも見える事だ。

又「売買」と関係なく、横須賀や横浜等で外国人を漁りにゆく女性の中には、高校生から中学生までが混じっているそうだし、六本木や原宿では黒人をつれた娘たちが目につく。

一方、アメリカの都市では「イエローキャブ」とよばれる日本女性が沢山見られるという。

又、東南アジアやアフリカの発展途上国は勿論、崩壊したソ連、中国等ではちかごろ、売春女性が激増しているニュース等々、「花魁ショー」などに眉をひそめてはいられない現象で、すでに「売春禁止法」などザルの如きものになっている。

「自然」という「神様」は、生物に男女をつくり、〝種の保存〟を計って、〝性の悦楽〟というオトシアナを与えた。しかし、一対一の原則は〝美〟と〝醜〟、猿山のボスの如き力関係で男女の不均衡を来らし、性の悦楽だけを求めて種の保存をきらう近代風潮、貧しい地帯での多産と売春意慾！　まさに人類は、オーバーな言い方かも知れないが〝生存〟の危機さえ感じられるのだ。

私は福田利子さんの著書『吉原はこんな所でございました』を読んで、「ああ、そんな所でしたか！」で、すませられないと思った。

徳川時代に「吉原」が公認された理由、それから現代になって、戦時中、軍の慰安婦としての吉原女性の徴発、敗戦後アメリカ兵のための「進駐軍慰安所」の設立。それらの記述のどれをとっても、のがれ得ない人類の大きな問題を感ぜずにはいられない。

福田利子さんは、少女時代からの見聞、長じては御自身が経営者としての体験で、「売春」という大問題に一貫した精緻な解説をしているのだ。

松葉屋の御夫妻と私

利子さんは、大正十二年三歳の時、吉原仲之町通り江戸町二丁目の引手茶屋「松葉屋」の養女として貰われて来た。

彼女が小学生だった九歳の時、たまたま昭和五年の、後年「失業と飢餓の時代」と名づけられた経済恐慌に突入した。それは私が信州の中学を卒業した年で、「失業と飢餓」の文字通り、私は卒業と同時に失業者となった。

日本の主な輸出品であった生糸の価は、明治二年以来の安価となり、その上米は大豊作で、これも大正六年以来の安価となり、十月には東京・大阪の「清算取引所」が立会不能となったのだ。内地人口六千四百万のうち、失業者が三十二万二千人だったという。

私は職を求めて東京へ出奔、五円の所持金は二日で無くなり、三日目からは上野の西郷さんの銅像周辺で、今のイラン人のように野宿する三百人ほどの浮浪者の群れに入り、八日間、水だけ飲んで仙人のような暮しをした。

全国で娘の身売りが多くなり、芸者娼妓に若い女の子を売るため、各市町村に〝身売り相談所〟が設けられたくらいだった。

昭和六年には東北地方に冷害が起り、農村でありながら食べる物がなくなった。

利子さんは、その年信州の製糸工場が操業短縮になり失業して吉原へ働きに来た十八歳の娘の事を書いている。

つまり、吉原で働くような娘が、決して不身持ちの果てではなく、家のため家族のための身売りだった事を詳しく語っている。

利子さんは少女のころから、自身は女学校へ通いながら、近所のこういう娘たちを他人事《ひとごと》でない暖かい目で見ていたのだ。

私は昭和六年、新聞配達をしながら、食事は軍隊の残飯、受け持ちの新聞紙を減らさないためのノルマがあり、そのためにする屈辱的な〝勧誘〟、集金の責任制で、働きながら借金が増えるような、〝監獄部屋〟にひとしい生活に耐え、翌年「築地小劇場」の研究生に入って、一日一食しか喰えないような生活を三年つとめたのち、新宿の「ムーラン・ルージュ」という劇場で脚本を書く仕事にありついて、やっと人間並みの生活が出来るようになった。

そして十二年には「松竹新派」の文芸部員として、花柳章太郎や水谷八重子の脚本を書くようになった。それから毎月のように「演出」のために来られた久保田万太郎先生の助手として、〝子分〟になったのだ。

先生は「私は弟子は持たない」と親鸞聖人のような事を言われ、私を他人《ひと》に紹介して下さる時は、「若い友人の阿木君！」であった。

そして「吉原」にも時々お供をした。

と言っても「貸座敷」の客になって娼妓を買ったのではなく、当時の一流文士や画家などが遊んだのは「引手茶屋」へ行って芸妓を呼び幇間を侍べらせて酒を飲む事だった。

久保田先生は、「山口巴」という「引手茶屋」の常連で、そこでは泉鏡花、里見弴、画家の鏑木清方、小村雪岱などの先生方と御一緒の事が多く、私もそんな場合、席末にいたのだが、何分年輩の先生方に、若者は私一人、「お立ち」の時などは活躍しなくてはならない。そのころの私は三十にはまだ間があり、小太り丸刈りに、青い大島ガスリに角帯など締めて、「引手茶屋」の玄関で、「○○先生はこのお車!」「××先生にあのお車!」などと飛び廻る私を見た当時の声色芸人江戸家猫八、後年の木下華声が、「あのころ兄貴のことをオレはタイコ持ちの見習いかと思っていたよ!」と言った事がある。

なるほど猫八君もどこかのお座敷帰りに、私のそんな姿を見たのだろう。しかし彼も木下華声にかわってから久保田先生の子分になったので一ツ歳下の私のことを〝兄貴〟などと呼んだのだ。

昭和十八年には「疎開さわぎ」が持ち上り、十九年には「非常措置令」とやらで、大劇場が閉鎖されたので、私は家族をつれて郷里の信州へ帰り、国民学校の教師になった。

しかし間もなく後を追って召集令状が来たので、六月には東京へよびかえされ、荒川の鉄橋をまもる蕨《わらび》の高射砲兵陣地の一兵卒となってしまった。あわれ古い高射砲でタマは当らず、三月の東京空襲に、ミスミス東京を焼かれてしまい、わが吉原もやけて、親しい人も少からず亡くなった。私は敗残兵として帰郷して、また国民学校へ戻ったが、翌二十二年の三月には学校をやめ、家族を郷里に置いたまま〝単身赴任〟の形で上京し、品川の友人宅の一室を借りて、芝居や映画のシナリオ、ラジオドラマなどを書きはじめた。

そして久保田先生は、前夫人と死別され永く独身でおられたが、二十一年再婚して鎌倉へ新居をおもちになった。

それでしばらくは、吉原へも御無沙汰したのである。

東京へ足場が出来ると、次第に私の仕事もふえた。先生も再婚のあと色々と役職が集り、二十二年の七月には「芸術院会員」になられ、それから目立って芝居の仕事も御多忙をきわめた。

そのころ里見先生の御招待で再建なった「松葉屋」へ、先生のお供で行った記憶があるが、利子さんの事は覚えていない。まだ養母さんが健在だったせいか。

彼女の御主人清氏が抑留されていたハノイから生還されたのは昭和二十三年の三月だという。しばらく不況は続いたが、二十五年には「朝鮮戦争」が始まり、日本はアメリカ軍に占領されていたが、三年後の終戦まで続いた、アメリカ軍の特需のおかげで、戦後の不況を脱け出すことが出来た。

吉原も新しくにぎやかになった。利子夫妻には長男清一君が産れた。そして二十六年には養母さんが亡くなり、利子さんは「松葉屋」の女あるじとなったのだった。

御主人はそれまで、皮革製品の仕事をやっておられたが、養母の死去と共に、皮革の商売をやめ、「松葉屋」主人として先ず、〝下足番〟をはじめた。

体の大きい押し出しの立派な人だったから、下足番の仕事は似合わなかった。ある日、久保田先生から電話があり、「夕方の六時、松葉屋へ来るように」と言われた。私は六時をまちかねて松葉屋へ行った。

立派な下足番に靴をあづけ、私は帳場へ案内された。

「先生がお見えになるまで、こちらでどうぞ！」主人は私に座布団をすすめて、自分も帳場へ座った。

「さっき先生からお電話ありましてね、少しおくれるようですから、ここで一杯召上って下さい！」主人はそう言って、すぐうしろの台所へ声をかけた。

「帳場へお酒もっておいで！」

「ハーイ！」と女の声で返事がきこえた。

その時年増のお座敷女中さんが姿をあらわした。私に「いらっしゃいまし！」と挨拶し、主人に「おかみさんは？」と訊く。

「まだ帰らないよー　何だい？」というと、女中さんは「いいえ、いいです？」とスタスタ行ってしまった。彼はいささかムッとした感じで、

「オレをナメてる！」とひとり言のように言う。

「いや、御主人、ナメてるんじゃありませんよ。こういう所のおかみは、女将とかく、つまり女の大将です。だから皆は女将の命令で動くじゃありませんか。小さな事を一々旦那にきくのは、かえって失礼だと思ってるんでしょう！　大きな料亭や旅館の御主人は家事などには口を出さず、同業組合とか、市会議員になって地域のために尽すんです。私の知っている名古屋の料亭の御主人なんか代議士になってますよ！　あなたもこの店のことなんかかまわず都議会へでも出たらどうです！」

と、私はなぐさめるつもりで言った。すると彼は、「いや、いや、私などそんな柄じゃありません！」と手をふった。

所が、私の言葉が逆作用をしたらしく、御主人がハリキッて、間もなく松葉屋は建て増しを始め、三十畳の大部屋に十畳の舞台をとりつけた普請が二十八年に完成した。彼はその間に「吉原」に関する文献を漁っては読み、久保田先生にお話を伺ったりして勉強したので、先生は、「ハリ切ってるよ！」とおどろく始末。舞台のついた大座敷が出来ると、かねて稽古させていたらしい「芸者のお座敷芸と幇間の手踊り」をお客に披露しはじめた。

これが更に発展して、久保田万太郎立案、伊藤道郎構成演出になる「花魁ショー」

が出来上ったのである。

この「花魁ショー」は、観光名物として、「はとバス」のコースに入り、次第に有名となった。

昭和三十二年のラスベガスショーに、伊藤道郎先生は「日劇」の踊り子達に「花魁ショー」の衣裳を着せ、中島八郎さんの舞台装置で踊らせ、アメリカに於いて江戸情緒たっぷりのショーを展開し、以後二年間にわたるロングランになったのだった。

松葉屋の「花魁ショー」は名物となって、京都の島原でも名古屋の中村でも、「花魁ショー」がはじまった。

あれは何年のことだったか、フランソワーズ・ロゼエさんという映画女優さんが日本へ来た。彼女は当時名高かったフランス映画『外人部隊』の主演女優で、（監督はジャック・フエーデ、昭和十年日本封切り）アフリカ遠征のフランス外人部隊のアトを追う売春婦の物語で、彼女ロゼエは、売春婦たちの抱え主であった。

その女優さんが、当時私が番組制作の責任者をやっていた「日本テレビ」へ出演してくれたので、その夜、司会の芥川比呂志さんと共に「花魁ショー」をお見せすべく「松葉屋」へと招待した。

ロゼエさんは、大変よろこんで、通訳を通じて「大変すばらしい」とほめてくれた。

このような完成した「花魁ショー」が「はとバス」の「夜のお江戸コース」に入ると、バスのお客で三十畳の大部屋があふれ、他のお客さんに御迷惑と、松葉屋はとなりの空地へ三階のビルをたてる事になった。

大きな劇場風の客席と舞台を持った大ビルは、三十六年の六月、立派に完成した。御主人は見事、私の逆をとったのである。「都議会議員」などよりどれほど良かったか！

そして五十年には、前に書いたように、「花魁ショー」のベニス行きが敢行された。「国辱的なショー」とわめいた婦人達も、もはや沈黙せざるを得なかったのだ。

今、御主人の清さん、フランソワーズ・ロゼエさん、芥川比呂志さん、それに肝腎の久保田先生、伊藤道郎先生、すべて亡き人である。

そして松葉屋の中庭には、

この里におぼろふたたび濃きならむ　　万

先生の句碑ばかりが、ひっそりと立ち、そしてうしろの舞台からは「花魁ショー」のお囃子が、にぎやかにきこえてくる。

平成五年六月

ちくま文庫版解説　松葉屋がなくなるということは

猿若清三郎

松葉屋さんとのご縁は古いのです。

私の祖父が向島で料亭をやっていて、そこに出入りする太鼓持ち（幇間）のお仲間がいっぱいいいらっしゃいました。

その時分は幇間もずいぶんいらした。有名な桜川忠七さんとか、浅草には東孝さんや和孝さん。吉原には、桜川延作さん、松廼家喜久平さん、富本半平さん、松廼家喜代作さん……この人たちはみんな松葉屋づめの人、というとおかしいけど、お座敷芸を見せられる、つまり引手茶屋の名残を残している店は、吉原で松葉屋だけだったから、吉原の芸者衆、吉原の太鼓持ちというのは、松葉屋だけで見られたんです。

残念ながら私は、公に吉原へ足を入れていい年齢に達する一年手前で吉原がなくなった。昭和三十三年の売春防止法の施行当時、ぼくは十七歳でした。

なんという不幸なと、みんなから笑われたけれど、本当に不幸なことでした。

ただ、父（猿若流七世家元・猿若清方）とのご縁がありましたから、子供時分から、松葉屋へ行ってはいたんです。芸者衆に「ええ、坊ちゃん、はい、坊っちゃん」って遊んでもらった、その光景は記憶にあります。

自分でお金出して遊びに行ったわけじゃないので、よくはわかりませんが、「お座敷をつける」というのも、松葉屋ならではの、遊び方の形がありました。

芸者衆が並んでお三味線を弾き、「騒ぎ」ンなって、最後に鼓《つづみ》や大鼓《おおかわ》を演奏しながら仕舞い、横へ置いて、「チャチャン……」で終わる。そういう、「ならでは」の芸風があった。

色恋抜きにして、芸事を楽しみ、会話を楽しみ、太鼓持ちの芸を楽しむ場所でした。大門のすぐそばの一等地。引手茶屋の役割は、そういうふうに芸を見て、騒いでお客さんの気持ちを盛り上げて、あとは、男と女の世界に「どうぞ」と送りこむ。お客さんを持ちあげる、一等いい場所だったんでしょうね。

古来、大小の刀を渡してまで、侍までもが通った吉原というところは、ただ男女だけの世界ではなかった。一つの格式を持っていました。その中で、引手茶屋というのは、芸の世界と男女の世界とをうまくつなぐ役割をしていたのだと思います。

遊女のいる店には行かず、芸者あげて太鼓持ちと遊んで、そのまま帰る、そういう遊びが好きな方も、たくさんいらしたんです。松葉屋を贔屓にされていた久保田万太郎先生が、そうでいらしたと聞きます。

松葉屋がなかったら、吉原へは行きにくい。吉原に行くのがすなわち、女性を求めに行く、ということになってしまう。引手茶屋の文化は、松葉屋が最初に作ったわけではないけれど、その文化を継承していました。

歌舞伎や踊りをやる人間にとっては、松葉屋の遊ばせ方は、見ておくべきものだと、私は亡くなった守田勘弥さんからよく言われました。

太鼓持ちから芸や話術を学ぶ。シャレのとりかた、受け方、お座敷に入るときの挨拶の仕方、よく聴いていると、幇間のことを芸者衆が「師匠《おし》さん」と呼ぶ。太鼓持ちさんのほうがちょこちょこ動いて、芸者衆のほうが坐っているけれど、位どりとしては、幇間のほうが上です。幇間は、お座敷芸にあっては、粋たるもの。なんでもできる。俳句・川柳も詠めれば、三味線も弾けば太鼓も叩く。踊りも踊る。その真似は、舞踊家には到底できません。狭いところでひょっと踊る。しかも理屈っぽく踊らない、ぜんぶダジャレで踊る。喜久平さんが「こうもりが……」なんてえと、本当にこうもりになっちゃう。

「太鼓持ち上げての末の太鼓持ち」って句があるけれど、「お前いいね面白いね」って太鼓持ちを贔屓にしていた旦那が、気に入った末に自分が太鼓持ちになってしまうという、それくらい、文化だったんです。

また芸者衆の中でも、幇間が「姐さん」と呼ぶ芸者衆もいた。

だから、松葉屋に行けば、芸はそこらへんに転がっているのです。幇間はどこに坐るか、こっちの旦那には若い芸者のほうがいいのか、座敷を見渡して、幇間と姐さん芸者が目配りして仕切る。そういうのが、そつないっていうかね。

お座敷遊びをさせる場所として、唯一無二の存在になってしまった松葉屋。責任もあるし、自負もある。だからなんとか続けたいという気持ちは、おばちゃん――私は幼い頃から、そう呼んでいたんですが――の中に強烈にあったんです。

おばちゃんの娘が幼い頃から猿若の弟子で、私より二歳年下の、同じ青山学院なのです。だから母と、おばちゃんはＰＴＡ。青山学院はご存知のようにプロテスタントの学校で、ＰＴＡが集まるときも、礼拝堂に集まる。そうすると、うちの母とおばちゃんの、目立つこと。頭を夜会に結ってきもの姿。同級生のお母さんは、ハイカラな人たちが多い。その中で二人だけ、大変古風な人がいて、讃美歌の本持って、歌っている。参りましたね。

のちに松葉屋名物になった、花魁道中、花魁ショウは、うちの父が構成・振り付けをしていました。後にその代理を私がやるようになりました。また、吉原《なか》でなんかやりたいっていうと、相談に来て、うちの父が行って、アドヴァイスする。ほかに、吉原が舞台のドラマや、吉原を扱う番組を制作する方が、松葉屋へ相談に来ると、「家元、行ってあげていただけないでしょうか？　吉原の花魁の所作事が必要だそうなんです」っていうから、駆けつけたり……。

そういう御縁で、うちは松葉屋の客ではなくて、親戚みたいなものなのですが、あのおばちゃんは、どこでどう帳面をつけてるのか知らないけれど、誰かがどこかで会をやっていたりすると、ぴたっとわかって、絶対楽屋にいらっしゃいました。

「今日はおめでとうございます。松葉屋のもんだけど、お口よごししてください」

うちの主催の会ではなく、どこかの会に私がゲスト出演するときでも、必ず現れる。「何で知ってるの？」って聞くと、「知ってますよ」って。

昔の人ってすごいなと思いました。きちっとしてらしたし、気丈だった。

それがお仕事なんでしょう。前の日、ずっと夜遅くまで仕事していても、朝からほうぼう飛びまわって、夕方になれば、店に戻ってお客様をお迎えして。

遊郭の雰囲気を、じかに肌に感じていた年代は、うちの両親やおばちゃんの世代が最後。

その遊郭がなくなったあとの松葉屋は……遊郭あっての松葉屋だったわけですから、周囲が現代的な、少々いかがわしい街になってからは難しくなりました。

まずお客さんが行きにくくなりました。

花魁道中、花魁ショウ、いろいろおばちゃんも努力したんですよ。はとバスツアーのコースに入ったり。

それから、「はなしをきく会」というのもやりました。もとはおばちゃんの旦那さん、清さんとうちの父の間で出た話なんですが、のちに私と寄席文字の橘右之吉くんで運営しました。顔付けは先代の小さん師匠と円生師匠。小さん師匠に、前座はどうしますったら、「前座は談志にやらせる」なんて時代。

貴重な会でした。お座敷へ上がるという羽振りはなくなってきても、そういうシャレたことはいいねって人が、まだ多くてできたのですけれど。

だんだん、シャレたことが理解されなくなってきました。

はとバスでお客が来たといっても、本当のお座敷があるわけじゃないから、芸者さんが高齢化したり亡くなったり、後継者もできてこない。太鼓持ちも、しごかれて育つ環境じゃなくなってきてしまう。

そういうものがつながっていける世の中でなかったから、つながらなかった。芸が悪かったせいじゃない。つなげても商売にならないから、つながらない。

それでもあっちこっち、駆けずりまわって、吉原は絶対残したい、松葉屋は絶対残したいって頑張っていたんですけどね。

松葉屋がなくなると聞いて驚きました。思ってもみなかったですから。

松葉屋がなくなるということは、ちょっとやそっと何かが無くなるということでは済まないのです。我々踊りの世界、また歌舞伎、ひいては日本の芸能は、遊郭をはずしたら物語にならない。欠かせないものなのです。多くの演目の舞台となっている場所。そういう意味において、松葉屋は失ってはいけないものだったんです。

それが無くなってしまったのは、大変な損失です。

遊郭にも位どりというのがあり、歴史的に言えば京都・島原のほうが古いのかもしれないけれど、吉原は、遊郭の文化を発展させた、総元締め。松葉屋はその玄関です。

しかし、時代の流れがあり、芳町、新橋、神楽坂――他の花柳界も、ほとんど縮小されてしまった。まず政治家が行っちゃいけない。そもそも、赤線廃止も政治家が決めたことです。

でもね、あまり杓子定規に善悪を決めてかかるのは、文化芸能の側面からすると、どうかと思うことが多いのです。

今、禁煙が声高に言われておりますが、ぼくは煙草吸います。過去の名作において、登場人物の多くは煙草を吸っている。映画「慕情」でも、ウィリアム・ホールデンの煙草を持つ姿のいいこと。歌舞伎の「助六」をはじめ、日本舞踊でも煙管を持ってこう、とやる振りは多い。落語もそう。

「健康」だけを基準にされると、そういう良さがまったく無視されて困ってしまう。消毒液撒いたような地球をつくられても……逃げ込むところ、そういうところもなくてはねえ。

悪所を、それはそのままにしておくのも文化だと、ぼくは思います。

松葉屋跡は、今はマンションになっています。

私が今、記憶にある中では、おばちゃんは、昭和の女傑ナンバーワンです。一本筋が通っていて、でも、ものやわらかくて、にこにこして、お帳場に坐っていても「らしさ」があった。吉原・松葉屋のおかみ。その人そのものが、歴史でしたね。

（猿若流八世家元）

本書は、一九八六年三月十五日、主婦と生活社より刊行され、一九九三年七月、社会思想社より現代教養文庫の一冊として刊行された。なお、本書には、今日の人権意識に照らして、差別的と感じられる表現が使われています。しかし、著者が故人であること、またその表現の使われた時代背景などにかんがみ、そのままとしております。読者の皆様にはその点をご留意のうえお読みくださるようお願いいたします。

誘拐　本田靖春
戦後最大の誘拐事件。残された被害者家族の絶望、犯人を生んだ貧困、刑事達の執念を描くノンフィクションの金字塔！（佐野眞一）

疵　本田靖春
戦後の渋谷を制覇したインテリヤクザ安藤組の大幹部、力道山よりも喧嘩が強いといわれた男……。伝説に彩られた男の実像を追う。（野村進）

宮本常一が見た日本　佐野眞一
戦前から高度経済成長期にかけて日本中を歩き、人々の生活を記録した民俗学者、宮本常一。そのまなざしと思想、行動を追う。（橋口譲二）

新 忘れられた日本人　佐野眞一
佐野眞一がその数十年におよぶ取材で出会った、無私の人、悪党、そして怪人たち。時代の波間に消えて行った忘れえぬ人々を描き出す。（後藤正治）

占領下日本（上・下）　半藤一利／竹内修司／保阪正康／松本健一
1945年からの7年間日本は「占領下」にあった。この時代を問うことは、戦後日本を問い直すことである。多様な観点と仮説から再検証する昭和史。

現人神の創作者たち（上・下）　山本七平
日本を破滅の戦争に引きずり込んだ呪縛の正体とは何か。幕府の正統性を証明しようとして、逆に「尊皇思想」が成立する過程を描く。（山本良樹）

東京の戦争　吉村昭
東京初空襲の米軍機に遭遇した話、寄席に通った話。少年の目に映った戦時下・戦後の庶民生活を活き活きと描く珠玉の回想記。（小林信彦）

ワケありな国境　武田知弘
メキシコ政府発行の「アメリカへ安全に密入国するための公式ガイド」があるってほんと!? 国境にまつわる60の話題で知る世界の今。

週刊誌風雲録　高橋呉郎
昭和中頃、部数争いにしのぎを削った編集者・トップ屋たちの群像。週刊誌が一番熱かった時代を貴重な証言とゴシップたっぷりで描く。（中田建夫）

増補版 ドキュメント 死刑囚　篠田博之
幼女連続殺害事件の宮﨑勤、奈良女児殺害事件の小林薫、附属池田小事件の宅間守、土浦無差別殺傷事件の金川真大……モンスターたちの素顔にせまる。

田中清玄自伝　田中清玄　大須賀瑞夫
戦前は武装共産党の指導者、戦後は国際石油戦争に関わるなど、激動の昭和を侍の末裔として多彩な人脈を操りながら駆け抜けた男の「夢と真実」。

権力の館を歩く　御厨貴
歴代首相や有力政治家の私邸、首相官邸、官庁、政党本部ビルなどを訪ね歩き、その建築空間を分析。権力者たちの素顔と、建物に秘められた真実に迫る。

タクシードライバー日誌　梁石日《ヤンソギル》
座席でとんでもないことをする客、変な女、突然の大事故。仲間たちと客たちを通して現代の縮図を描く異色ドキュメント。（崔洋一）

新版 女興行師 吉本せい　矢野誠一
大正以降、大阪演芸界を席巻した名プロデューサーにして吉本興業の創立者。ＮＨＫ朝ドラ『わろてんか』のモデルとなった吉本せいの生涯を描く。

ぼくの東京全集　小沢信男
小説、紀行文、エッセイ、評伝、俳句……作家は、その町を一途に書いてきた。『東京骨灰紀行』など65年間の作品から選んだ集大成の一冊。（池内紀）

吉原はこんな所でございました　福田利子
三歳で吉原・松葉屋の養女になった少女の半生を通して語られる、遊廓「吉原」の情緒と華やぎ、そして盛衰の記録。（阿木翁助　猿若清三郎）

ちろりん村顛末記　広岡敬一
トルコ風呂と呼ばれていた特殊浴場を描く伝説のノンフィクション。働く男女の素顔と人生、営業システム、歴史などを記した貴重な記録。（本橋信宏）

ぐろぐろ　松沢呉一
不快とは、下品とは、タブーとは。非常識って何だ。公序良俗を叫び他人の自由を奪う偽善者どもに〝闘うエロライター〟が鉄槌を下す。

独特老人　後藤繁雄編著
埴谷雄高、山田風太郎、中村真一郎、淀川長治、水木しげる、吉本隆明、鶴見俊輔……独特の個性を放つ思想家28人の貴重なインタビュー集。

呑めば、都　マイク・モラスキー
赤羽、立石、西荻窪……ハシゴ酒から見えてくるのは、その街の歴史。古きよき居酒屋を通して戦後東京の変遷に思いを馳せた、情熱あふれる体験記。

考現学入門　今和次郎　藤森照信編

震災復興後の東京で、都市や風俗への観察・採集からはじまった〈考現学〉。その雑学の楽しさを満載し、新編集でここに再現。（藤森照信）

路上観察学入門　赤瀬川原平／藤森照信／南伸坊編

マンホール、煙突、看板、貼り紙……路上から観察できる森羅万象を対象に、街の隠された表情を読みとる方法を伝授する。（とり・みき）

TOKYO STYLE　都築響一

小さい部屋が、わが宇宙。ごちゃごちゃと、しかし快適に暮らす、僕らの本当のトウキョウ・スタイルはこんなものだ！　話題の写真集文庫化！

自然のレッスン　北山耕平

自分の生活の中に自然を蘇らせる、心と体と食べ物のレッスン。自分の生き方を見つめ直すための詩的な言葉たち。帯文＝服部みれい（曽我部恵一）

バーボン・ストリート・ブルース　高田渡

流行に迎合せず、グラス片手に飄々とうたい続け、いぶし銀のような輝きを放ちつつ逝った高田渡の酔いどれ人生、ここにあり。（スズキコージ）

素敵なダイナマイトスキャンダル　末井昭

実母のダイナマイト心中を体験した末井少年が、革命的野心を抱きながら上京、キャバレー勤務を経て伝説のエロ本創刊に到る仰天記。（花村萬月）

青春と変態　会田誠

著者の芸術活動の最初期にあり、高校生男子の暴発するエネルギーを、日記形式の独白調で綴る変態的青春小説もしくは青春的変態小説。（松蔭浩之）

官能小説用語表現辞典　永田守弘編

官能小説の魅力は豊かな表現力にある。本書は創意工夫の限りを尽したその表現をピックアップした、日本初かつ唯一の辞典である。（重松清）

増補　エロマンガ・スタディーズ　永山薫

制御不能の創造力と欲望で数多の名作・怪作を生んできた日本エロマンガ。多様化の歴史と主要ジャンルを網羅した唯一無二の漫画入門。（東浩紀）

いやげ物　みうらじゅん

水で濡らすと裸が現われる湯呑み。着ると恥ずかしい地名入Tシャツ。かわいいが変な人形。抱腹絶倒土産物、全カラー。（いとうせいこう）

明治国家のこと 司馬遼太郎 関川夏央編

司馬さんにとって「明治国家」とは何だったのか。西郷と大久保の対立から日露戦争まで、明治の日本人への愛情と鋭い批評眼が交差する18篇を収録。

方丈記私記 堀田善衛

中世の酷薄な世相を覚めた眼で見続けた鴨長明。その人間像を自己の戦争体験に照らして語りつつ現代日本文化の深層をつく。巻末対談＝五木寛之

東條英機と天皇の時代 保阪正康

日本の現代史上、避けて通ることのできない存在である東條英機。軍人から戦争指導者へ、そして極東裁判に至る生涯を通して、昭和期日本の実像に迫る。

戦中派虫けら日記 山田風太郎

〈嘘はつくまい。嘘の日記は無意味である〉。戦時下、明日の希望もなく、心身ともに飢餓状態にあった若き風太郎の心の叫び。（久世光彦）

責任 ラバウルの将軍今村均 角田房子

ラバウルの軍司令官・今村均。軍部内の複雑な関係、戦地、そして戦犯としての服役。戦争の時代を生きた人間の苦悩を描き出す。（保阪正康）

広島第二県女二年西組 関千枝子

8月6日、級友たちは勤労動員先で被爆した。突然に逝った39名それぞれの足跡をたどり、彼女らの生を鮮やかに切り取った鎮魂の書。（山中恒）

劇画 近藤勇 水木しげる

明治期を目前に武州多摩の小倅から身を起こし、ついに新選組隊長となった近藤。だがもしかしたら多摩で芋作りをしていた方が幸せだったのでは？

水木しげるのラバウル戦記 水木しげる

太平洋戦争の激戦地ラバウル。その戦闘に一兵卒として送り込まれ、九死に一生をえた作者が、体験が鮮明な時期に描いた絵物語風の戦記。

昭和史探索（全6巻） 半藤一利編著

名著『昭和史』の著者が第一級の史料を厳選、抜粋。時々の情勢や空気を一年ごとに分析し、書き下ろしの解説を付す。《昭和》を深く探る待望のシリーズ。

夕陽妄語1（全3巻） 加藤周一

高い見識に裏打ちされた時評は時代を越えて普遍性を持つ。政治から文化まで、二〇世紀後半からの四半世紀を、加藤周一はどう見たか。（成田龍一）

ちくま文庫

吉原《よしわら》はこんな所《ところ》でございました
――廓《くるわ》の女《おんな》たちの昭和史《しょうわし》

二〇一〇年十月　十　日　第一刷発行
二〇二一年九月二十五日　第六刷発行

著　者　福田利子（ふくだ・としこ）

発行者　喜入冬子
発行所　株式会社　筑摩書房
東京都台東区蔵前二―五―三　〒一一一―八七五五
電話番号　〇三―五六八七―二六〇一（代表）
装幀者　安野光雅
印刷所　中央精版印刷株式会社
製本所　中央精版印刷株式会社

ISBN978-4-480-42762-5 C0136